Günter von Hummel

Die körperlich kranke Seele I

Theorie und Praxis der *Analytischen Psychoka-tharsis* als neuem Verfahren zu Psychosomatik und Selbstanalyse

Das Bild auf der Umschlagseite zeigt eine Fotografie des Autors vom heimischen Abendhimmel. Bei der Erstauflage befand sich dort ein Tranguloid, das ich jetzt auf die Broschüre II verbannt habe, und das eine mathematisch berechenbare und auch geometrisch (besser topologisch) anschauliche Struktur sich einander durchschlingender Flächen vermittelte. So schwer erkennbar und verknotet durchwoben sollte man sich auch Körper und Seele des Menschen vorstellen. Doch für die heutige Zeit ist eine Rückkehr zum schlichten Wolkenhimmel als topologisches Gebilde der Seele vielleicht besser.

© 2025 Günter von Hummel
Verlag: BoD · Books on Demand GmbH,
Überseering 33, 22297 Hamburg, bod@bod.de
Druck: Libri Plureos GmbH, Friedensallee 273,
22763 Hamburg
ISBN: 978-3-7534-5425-2
Lektorat: F. X. Gfirtner und S. Möckel, München

Inhaltsverzeichnis

1. Einführung

Auch wenn im Titel von ‚körperlich krank' die Rede
ist, so hat diese Broschüre doch auch mit der ‚psychisch kranken Seele' zu tun. Schließlich geht es ja gerade darum, wie Körper und Psyche in dem von mir
jetzt als übergeordnet gesetzten Begriff der auf das
Körperliche bezogenen Seele verbunden sind. Das
‚körperlich krank' der Seele stellt nur einen Schwerpunkt des Verfahrens (von mir *Analytische Psychokatharsis* genannt) dar, das modernen und exakten wissenschaftlichen Ansprüchen genügt und dessen einfa-
ches und klares Konzept ich hier erläutern will. Es hat
vielleicht eine entfernte Verwandtschaft mit dem „autogenen Training" von I. H. Schulz, insbesondere mit
dessen sogenannter „Oberstufe". D. h., man kann dieses Verfahren genauso wie das „autogene Training"
oder eine Meditationsübung zu Hause selbst erlernen,
wenn man diese Broschüre studiert hat. Dazu biete ich
in diesem Text zwei Vorübungen an, mit denen man –
nach ein paar einführenden theoretischen Bemerkungen – schon einmal eine praktische Erfahrung machen
kann.

Dennoch darf der Leser nicht erwarten, dass die weitere Lektüre dieses Textes leicht und völlig unproble-
matisch ist. Um eine der üblichen Abhandlungen, die

z. B. Depressionen auf falsch entwickelte Gefühle zurückführen, ein paar warmherzige Anweisungen geben und positives Denken empfehlen, handelt es sich nicht. Ich könnte die Praxis des Verfahrens zwar auf ein paar Seiten darstellen, aber selbst wenn man dann bereits mit den ersten Übungen einen gewissen Erfolg hätte, könnte es durchaus noch sein, dass man nicht genügend überzeugt ist. Eine Darstellung der dazugehörigen Theorie bzw. des wissenschaftlichen Rahmens ist nämlich notwendig, um ausreichendes Vertrauen und Sicherheit bezüglich der praktischen Methodik zu haben. Dass ein Psychotherapeut oder ein Meditationslehrer so wie früher einfach eine gewisse Seriosität ausstrahlt, reicht heutzutage freilich nicht mehr aus. Entweder ist er in einem wissenschaftlichen Verfahren wie zum Beispiel der Psychoanalyse geschult oder er kann nach ausführlichen Beweisen den Erfolg seiner Methode als umfangreich und gesichert nachweisen. Ich denke, ich kann mich auf beides berufen und dies bereits anhand des vorliegenden Textes plausibel machen.

Und so ist der hier vorgelegte Text keine Broschüre in der Form eines simplen Ratgebers oder beruhigender Suggestionen, sondern ein wissenschaftskonformes Traktat über ein in Theorie und Praxis bewährtes Verfahren. Ein gewisses intellektuelles Verständnis ist also erforderlich. Jedoch grenzt sich dieser Text hier auch von sonstigen Darstellungen etablierter Psychotherapien, verhaltenstherapeutischer Methoden oder auch sogenannter ‚alternativer' psychotherapeutischer Verfahren ab. Denn die Lektüre der ersteren setzt ein Fachwissen voraus, die der letzteren hat jedoch den Nachteil, dass sie – wie etwa verschiedene Schilderungen von Meditation, Gesprächs- und Entspannungstherapien – zwar einfach, klar und praxisbezogen ist, aber keine genügende beweisgestützte Begründung aufweist.

Eine solche ist in der vom französischen Psychoanalytiker J. Lacan beschriebenen Form gegeben, deren therapeutisches Vorgehen aber aufwendig und deren theoretischer Hintergrund sehr komplex ist. Trotz des Aufwands und ihrer Komplexität ist die Psychoanalyse aber eben wissenschaftlich präzise, sie garantiert Gewissheit und Zuverlässigkeit, weshalb ich für viele begriffliche Erklärungen auf sie zurückgreife. Mein Vorgehen erreicht außer der Wissenschaftlichkeit auch Einfachheit und Klarheit durch einen doppelten Ausgangspunkt, indem es kombiniert mit der Psychoanalyse auch den meditativen Zugang benutzt, wie oben schon mit dem „autogenen Training" und der Praxisbezogenheit angedeutet. Psycho*analytisch*e Theorie und meditative Praxis sind nur scheinbar widersprüchlich, zusammengeführt ergeben sie jedoch einen starken selbstverbessernden und selbsttherapeutischen Effekt.

So muss beispielsweise auch der Psychoanalytiker meditieren, wenn er – wie es heißt – seinem Patienten mit „gleichschwebender [also kontemplativer] Aufmerksamkeit" zuhören soll, wie es Sigmund Freud formulierte. Und der Meditierende muss die Ergebnisse seiner Kontemplation auch *analytisch* nachbearbeiten, will er zu der befreienden, beglückenden *Katharsis* eine verstandesmäßige Erkenntnis erreichen. So ist das grundlegende Konzept des seelisch Unbewussten für beide Methoden das gleiche. Das Unbewusste ist mit verdrängten, verschlüsselten Inhalten gefüllt, die nach außen drängen, und muss so in der psycho*analytischen* wie in der meditativen Methode behutsam geöffnet, erschlossen und letztendlich logisch interpretiert in die bewusste Seele integriert werden. Man kann es vereinfacht in zwei Bereiche, Grundtriebe oder primäre Ordnungen, einteilen.

Den ersten Bereich, der mehr mit dem meditativen Vorgehen zu tun hat, nenne ich eine ‚imaginäre Ordnung' (ein *Bild-Wirkendes*, Ikonisches). Der zweite Bereich, der mehr mit dem *analytischen* Vorgehen zu tun hat, ist am besten als ‚symbolische Ordnung' (als ein *Wort-Wirkendes*, Sprachbezogenes) bezeichnet. Dieser zweifache Ausgangspunkt sagt schon fast alles, was von Theorie und fundiert belegtem Hintergrund verstanden werden sollte. Er erfasst nämlich das Wesen der Psychoanalyse darin, dass dort der Patient spontan gedankliche, „freie Assoziationen" äußern soll, die bis zu Einfällen auch absurder und peinlicher Art gehen können, und so Aspekte der ‚imaginären Ordnung' enthalten. Mithilfe von *Übertragung* und Deutung kommt nun jedoch auch die ‚symbolische Ordnung' zum Zug. *Übertragung* heißt, dass Bedeutungen, Konflikte und Gefühle auf den Therapeuten *übertragen* werden, die mit ihm selbst nur indirekt etwas zu tun haben, weil sie aus früheren oder zeitnahen anderen Beziehungen des Patienten selbst stammen, also vorwiegend inadäquat sind. Durch Deutung der Zusammenhänge werden die Probleme jedoch einer Lösung zugeführt.

Assoziative Gedanken und Bilder, das Imaginäre, werden in meditativen Verfahren meistens durch immer erneutes Wegschieben gefiltert, gereinigt und so – ich sage es einmal selbst noch ungefiltert – einem zugrunde liegenden Wahrheitsaspekt zugeführt. Man sollte die Wahrheit nämlich – so Lacan – als letztendliche Ursache auffassen, als eine Ursache, hinter der man nicht wieder eine andere Ursache suchen muss. So ist die Frage, was vor dem Urknall war, nur dann keine Nonsens-Frage, wenn man sie beantwortet mit: die Wahrheit. Die Wahrheit als Ur-Sache, als Zusammenfassung der imaginären und symbolischen Ordnung, als Grundlegendes. Freilich gibt es im Alltag auch mehr als eine Wahrheit und zugleich noch viele Lügen, aber darum geht es nicht.

Im Mittelpunkt dieses Verfahrens steht ein schlichtes, aber präzises Werkzeug, das für die Aufschlüsselung und Neugestaltung der ‚körperlich kranken Seele' notwendig ist und das die imaginäre und symbolische Ordnung schon von vornherein miteinander – allerdings zuerst einmal nur in rein f o r m a l e r Weise – verbindet. Es handelt sich um sich überlappende, formelhafte Wortbildungen, sogenannte *Formel-Worte*, die in einer Formulierung, in einem einzigen Schriftzug, mehrere Bedeutungen in sich tragen. Das heißt, dass in diesem Schriftzug, von jeweils anderen Schnittstellen aus gelesen, sich verschiedene Bedeutungen ergeben. Ich gebe gleich im nächsten Kapitel ein Beispiel, doch die Sache ist nicht schwer zu begreifen: Je mehr ganz unterschiedliche Bedeutungen sich in einem einzigen Ausdruck überlappen und verschachteln, desto weniger lässt sich aus solch einer Formulierung ein eindeutiger Sinn herauslesen. Dies ist für die Psychoanalyse wie auch eine Meditation jedoch von

Vorteil, weil so nicht alles schon von vornherein apo-
diktisch bestimmt ist, sondern das Unbewusste voll-
kommen und unbeeinflusst zum Zug kommt.

Es ist nicht nur von Vorteil, es ist notwendig, denn der
Sinn soll ja erst durch die Übungen der *Analytischen
Psychokatharsis* entstehen. Man könnte es grob und
vereinfacht so ausdrücken, dass etwa ein Gebet eine
Meditation mit Inhalt, mit festgelegtem Sinn, darstellt,
in die der Betende sich seelisch vollends in das Inhalt-
liche versenkt. Ein Verfahren wie die *Analytische
Psychokatharsis* könnte man eher mit einem Gebet
ohne Inhalt, also ohne unmittelbaren Sinn, verglei-
chen, denn hier steht die volle seelische Hinwendung
zum Vorgang alleine (inhaltslos) im Zentrum, in dem
das Unbewusste durch rein gedankliche Wiederholung
der *Formel-Worte* angeregt wird, eine Aussage herauszugeben, die wiederum etwas mit der Psychoanalyse
zu tun hat.

Während beim Wiederholen eines vorgegebenen Ge-
betsinhaltes speziell nur dessen schon vorgegebener
Sinn verstärkt wird, wird mit den Übungen der *Analytischen Psychokatharsis* gerade das unbewusst Seelische, das *Bild-* und *Wort-Wirkende*, durch die Buchstaben einer Formulierung, die keinen vordergründigen
Sinn hat, geweckt. Denn diese Formulierung ist ebenso

bild-wort-wirkend aufgebaut und provoziert somit, dass das gleich strukturierte Unbewusste den versteckten und damit eigentlichen Sinn herausgibt. Die genannten *Formel-Worte* werden also gedanklich hintereinander wiederholt und repräsentieren somit rein f o r m a l, rein strukturell, die Lösung, deren Wahrheit der Übende selbst eben nur noch für sich seelisch-leibhaft erfahren und vertiefen muss, um beides zu gewinnen: Lösung durch Entspannung (*Katharsis*) und Wahrheit (*Analyse*) in wissenschaftlicher Form.

Der im üblichen Gebet verstärkte Sinn dagegen bietet eine Lösung nur durch Glauben, der jedoch sehr intensiv und originär sein muss, um ein hohes, stringentes Ziel zu erreichen. Ein Alltagsglaube genügt nicht, und die katechetisch vorgefassten Sprüche lassen eine individuelle, intellektuelle Freiheit nicht zu, die heute für alle Menschen der demokratischen und von abendländischer Kultur geprägten Lebensweise notwendig ist. Nochmals kurz: Zwei Grundkräfte, Freud nannte sie Grundtriebe, die eine etwas mehr dem Bildhaften, Imaginären und die andere etwas mehr dem Worthaften, Symbolischen zugetan, durchwirken sich gegen- und miteinander in substanzieller Form (physisch/psychisch) und können nur in dieser Form (ebenso überlappend und durchwirkt) auch aufgegriffen und behandelt werden.

Bei der *Analytischen Psychokatharsis* muss man sich – anfänglich am besten mit geschlossenen Augen – in bequemer Haltung hinsetzen und zuerst (in einer ersten Übung) auf das bildlich Innere achten und dabei rein gedanklich diese Formulierungen (*Formel-Worte*) üben, um danach, in einer zweiten Übung, eine Antwort aus dem Unbewussten zu bekommen. Die Praxis des Verfahrens ist – ich betone dies nochmals – sehr einfach zu erlernen, wozu ich daher bereits auf den nächsten Seiten vorschlagen werde, nach weiter einführender Beschreibung einen Erstversuch (*Vorübung*) damit zu machen. Denn die Praxis erleichtert auch das Verständnis der Theorie, die sich allerdings nicht als so kompliziert-komplex erweisen wird, wie es sicher zeitweise beim Lesen den Anschein erwecken kann. Die wissenschaftliche Grundlage ist nicht wegen eines szientistischen Ehrgeizes notwendig, sondern weil Sicherheit und Vertrauen dadurch besonders garantiert sind und damit Glaube an einen Lehrer bzw. Therapeuten nicht nötig ist. Auch durch das Lesen anderer, entsprechender, etwa der von mir am Ende empfohlenen Literatur, kann das Verständnis der Methode erweitert werden.

Die *Analytische Psychokatharsis* antwortet also auf die elementare Frage nach der Wahrheit des zugrunde liegenden imaginär-symbolischen Komplexes durch psycho-physische Veränderung in zweifacher Hinsicht: hinsichtlich des Meditierens als eines inneren *Wahrnehmens,* einer mehr ‚imaginären Ordnung‘, einer Vielschichtigkeit des Bild- und Blick-Wirkenden, und hinsichtlich des Analysierens als eines inneren *Sprechens,* einer mehr ‚symbolischen Ordnung‘, des Wort-Wirkenden.[1] Oft ist die Wahrheit schon in der Frage nach der Heilung verborgen, aber es wird ihr nicht entsprochen, weil sie zu vordergründig, zu wunschorientiert gestellt ist. Doch wenn man seine Frage in ein *Formel-Wort* kleiden kann, das noch keinen vorgefassten Sinn hat, wird das Unbewusste, das seine eigenen Schutz- und ‚Abwehrmechanismen‘ hat, aufgefordert und gezwungen, eine echte Antwort, also eine, „die danach drängt, sich erkennen zu geben“, zu vermitteln.[2] Dies ist schon immer in vielen Therapieformen versucht worden, doch so direkt und in präziser, beweisgestützter Weise wird es hier zum ersten Mal dargestellt.

Diese zweierlei Ordnungen (imaginär und symbolisch, auch als Kräfte bzw. Triebe zu verstehen) werden in

---

[1] Der Ausdruck Bild-Blick- und Wort-Wirkendes soll den Real- und Bedeutungs-Charakter des Imaginären und Symbolischen betonen.

[2] Lacan, J., Seminar IX, Die Identifizierung, 7. Vortrag

der Psychoanalyse nicht als direkt und unmittelbar erfahrbar oder gar erlebbar aufgefasst. Denn nach psycho*analytischer* Auffassung wehrt sich der Mensch gegen die zu heftigen und schwer kontrollierbaren Strebungen dieser zwei Grund- bzw. Triebkräfte und entwickelt daher die gerade genannten psychischen „Abwehren", Hemmungen, Affekte und Blockierungen dagegen. Ja, selbst das eigene Ich ist nur ein Abwehrschild, das sich in Idealisierungsformen aufspalten muss, um eine halbwegs geschlossene Identität aufrechtzuerhalten. In der psycho*analytischen* Therapie müssen diese ‚Abwehrmechanismen' des Ichs dann aufgedeckt und gelöst werden, um die letztlich wahre Identität freizulegen, ein sehr langes, umständliches Verfahren von oft Hunderten von Stunden.

Das Ich ist die Vorstellung von sich als Körper. Diese Körperlichkeit steht der seelischen Entwicklung im Wege, sowohl als Spiegelung zu anderen Seinesgleichen als auch durch Aneignung von Insignien oder Größenideen eines bedeutenden *Anderen*, der sich in jedem Menschen durch Verinnerlichung von Eltern-, Lehrer- und sonst maßgeblichen Figuren gebildet hat. Dieser von Lacan sogenannte *Andere* stellt also nicht ein Alter Ego, ein ‚Ich-Du' dar, wie es der Religionsphilosoph M. Buber sagte, auch nicht alleine das freudsche Es als Reservoir unbewusster Kräfte, sondern eher ein ‚Es-Du', ein Unbewusstes, mit dem man – sozusagen um zwei Ecken herum – reden kann.

Auch in der *Analytischen Psychokatharsis* müssen diese Zusammenhänge von Triebkraft und Abwehr berücksichtigt werden. Aber das Vorgehen ist hier umgekehrt. Hier werden die Triebkräfte sehr wohl psychisch, ja körperhaft, leiblich direkt erfahren, aber in einer f o r m a l sehr eingeengten und durch die besagten *Formel-Worte* präzise geführten Form, bei der auf die Abwehrmechanismen nicht so extrem geachtet werden muss. Sie werden eher nivelliert, trotzdem wird das, was abgewehrt wird, substanziell erfasst und bearbeitet. Wie bereits erwähnt, schlage ich vor, sofort einen praktischen Versuch mit der *Analytischen Psychokatharsis* zu unternehmen.

Die Praxis erleichtert das Theorieverständnis, auf das ich nach der Vorübung weiter eingehen werde. Ich empfehle, sich also einmal hinzusetzen, die Augen zu schließen und rein mental, nur gedanklich, das auf der folgenden Seite gezeigte *Formel-Wort* mehrmals hintereinander zu wiederholen. Es ist egal, bei welchem Buchstaben man anfängt zu lesen, denn wie erwähnt enthält die formelartige Formulierung ja keinen direkten, eindeutigen Sinn. In der Abbildung ist zu sehen, dass diese Formulierung im Kreis geschrieben und so im Uhrzeigersinn zu lesen ist. Da dies für den Anfang etwas befremdlich ist, wird man vielleicht schnell etwas in der eigenen Befindlichkeit bemerken, vor allem, wenn man beim Wiederholen des Formel-Wortes innerlich loslässt.

Dieses Phänomen, dass man mit ein bisschen Mut zum Loslassen und sich einem fremden Verfahren gegenüber überlassen mehr Effekt verspürt, ist bekannt, wird aber für das weitere Vorgehen nicht die alleinige Verwendung finden. Wie gesagt, erstelle ich eine wissenschaftlich fundierte Begründung, in der der Vorgang des Loslassens und Eintauchens ins Unbewusste detailliert beschrieben wird, und wie die Übung mit dem monotonen Wiederholen der Formel-Worte zu einer *Katharsis*, gehobenen Stimmung und befreiender Entspannung führt. Alles Weitere zur Vorübung im nächsten Kapitel

2. Vorübung zur Praxis des Verfahrens

„Radiat" heißt lateinisch *Strahlt*, „Dicit" *Spricht*. Ein *Es Strahlt* ist für mich nur eine Abkürzung für das erwähnte Imaginäre, das innere Visuelle, Bild-Wirkende, und ein *Es Spricht* eine Abkürzung für das Symbolische, das sprachliche Sich-Ausdrücken, Wort-Wirkende. Wenn man die beiden lateinischen Worte zu RADICIT zusammenzieht, hat man zwar noch kein perfektes *Formel-Wort* vor sich, wohl aber, wenn man sieht, dass von jedem Buchstaben aus gelesen eine andere Bedeutung herauskommt. Ich werde sogleich dieses und noch weitere Details dieses *Formel-Wortes*, sowie Hinweise zu dessen Struktur geben. Man sitzt also in einer bequemen Haltung und wiederholt gedanklich hier jetzt nur eines von sonst mehreren *Formel-Worten*, während man gleichzeitig auf etwas Visuelles, Lumineszierendes, ein *Es Strahlt* – oder ganz einfach gesagt – auf das innere Körpergefühl, den „inneren Sinn" oder einen ‚*Strahlt*-Punkt' achtet.[3]

Es stecken also mehrere sich überschneidende Bedeutungen in diesem im Kreis geschriebenen Ausdruck,

---

[3] Lacan nennt diese so, aber auch ‚Spiegelungs-Punkt' genannte Stelle, die sich etwas im Kreuzungspunkt der Augennerven befindet, weil sich das Ich dort im unbewusst *Anderen* reflektiert.

dessen Art und Aufbau ich am Ende dieses Kapitels ausführlich erklären werde. Vorab zwei Beispiele: beim c angefangen heißt es ‚citra di‘, die Götter sind diesseits, bei t angefangen heißt es ‚trad ici‘, erzähle, ich habe getroffen. Komisch vielleicht, aber linguistisch in Ordnung, denn genauso ist das Unbewusste strukturiert. Denn wie in der links oben auf der vorderen Seite dargestellten Abbildung gezeigt, ist klar, dass darin genau das steckt, was ich gerade oben als ein *Es Spricht* bezeichnet habe. Es mag Unwichtiges, Seltsames oder gar Blödes darin verlauten, doch wesentlich ist ja nur der völlig f o r m a l e Charakter des der lateinischen Sprache entstammenden und im Kreis geschriebenen *Formel-Wortes*. Die Formulierung soll ja keinen vorgefassten Sinn haben, indem sich die Bedeutungen überlappen, obwohl die Buchstabenreihe sich nicht verändert, vielmehr soll dieser aus dem Unbewussten kommen.

Doch ganz so weit wie vorgesehen wird es bei dieser ersten Vorübung nicht kommen, die man vielleicht nur für zehn Minuten durchführt. Allein mit diesem Beispiel des RADICIT wird jedoch spürbar, wie die Überlappungen wirken, dass man sich sozusagen auf das Dunkel oder eventuell schon beginnend Lumineszente eingelassen und die durch die Monotonie der gedanklichen Wiederholungen verfeinerte Körpergefühl erreicht hat. Dass im RADICIT auch die zwei Begriffe (*Strahlt /Spricht*) vorkommen oder gar etwas von den Göttern erzählt wird, ist letztlich nur ein Nebeneffekt. Auf Seite 28 werde ich zeigen, dass sieben verschiedene Bedeutungen in diesem einen *Formel-Wort* stecken, doch jede einzelne davon kann wieder vergessen werden. Das Ganze dient ja nur dem wissenschaftlichen Aufbau. Indem die einzelnen Bedeutungen sich überlappen, je nachdem, von welchem Buchstaben aus man im Uhrzeigersinn das *Formel-Wort* liest, lässt sich kein einheitlicher, geschlossener Sinn mehr herauslesen, und genau dies ist wichtig.

Das Gleiche passiert im Traum, denn auch hier stecken hinter einem rätselhaften, manifesten Traumgedanken mehrere Bedeutungen, die sich nicht zu einem Sinn zusammenschließen konnten. Man nennt dies Überdeterminierung, also Überbestimmtheit, sich verfremdende Überschachtelung. Doch diese Überbestimmtheit lässt einen ruhig schlafen. Würde man die einzelnen Bedeutungen in den entscheidenden latenten Traumgedanken kennen, die hinter den manifesten und oft noch erinnerten Traumgedanken stecken, könnte Angst, zu starke Emotion oder Verwirrung entstehen und man müsste aufwachen.

Für die *Analytische Psychokatharsis* ist diese Überbestimmtheit jedoch andersherum zu verstehen. Denn in
der ersten von zwei Übungen der *Analytischen
Psychokatharsis* geht man nun umgekehrt vor. Man
brüskiert den Traumerzeuger – hier jetzt speziell das
Unbewusste als solches – mit der Überdeterminierung
des Bedeutung-Sinn-Zusammenhangs durch die vielen
einzelnen und nicht zusammenpassenden, also völlig
disparaten Bedeutungen im *Formel-Wort* und zwingt
ihn so zur erwähnten Herausgabe eines verdrängten
Sinns. Dieser wird dann durch die zweite Übung pro-
vokativ gestärkt und definitiv klar, wie später noch zu
erörtern ist. Nochmals: Wenn man sich nun (evtl. mit
geschlossenen oder leicht geöffneten Augen) hinsetzt,
langsam, monoton und nur in Gedanken das RA-DIC-
IT wiederholt und gleichzeitig etwas darauf achtet, ob
man dabei etwas, das vor einem den Charakter des
Strahlt, der inneren *Wahrnehmung* hat, wird man eine
Entspannung, vielleicht sogar schon eine leichte *Katharsis* (Loslösung, Befreiung) erfahren.

Das Wesen der *Katharsis* hatte schon Freud gekannt,
als er seine Patienten in Hypnose versetzte. Doch er
verließ diese Methode, da die Patienten in eine von der
Stimme des Therapeuten abhängige *Katharsis*, ja geradezu in einen Abhängigkeitsrausch von der Stimme
des Therapeuten und in eine submanische Stimmung

gerieten. Von diesem Zustand wieder aufgetaucht, konnten sie dann gar nicht viel Hilfreiches zur Behandlung beitragen, sodass Freud sie zu der erwähnten ‚freien Assoziation' aufforderte, bei der sie zwar auch nichts direkt Konkretes aussagten, aber doch von vornherein mündig und bewusster bei der Sache blieben, die dann jedoch aus einem mühsamen Herausfinden des verdrängten Sinns bestand.

Auch in vielen Meditationsverfahren oder im Yoga wird eine *Katharsis* im Sinne einer Befreiungserfahrung, Beglückung (Sartori, Samadhi) angestrebt, die jedoch nicht weiterbearbeitet wird. Sie wird also nicht verstandesmäßig vertieft und zu wenig symbolisch in die westliche Wissenschaftskultur eingebaut. Für die *Analytische Psychokatharsis* ist sie jedoch wichtig, weil sie ganz bewusst zum Übergang in die zweite Übung des Verfahrens genutzt wird und die Funktion der von der Psychoanalyse beschriebenen ‚Körperbilder', psychisch abstrahierter Körpererfahrungen, erklärt (mehr dazu später). Man hört viel besser nach innen, wenn man sich in einem gehobenen, ja leicht submanischen Zustand befindet, und der ganze Vorgang des Sich-Zurückziehens wird anschaulicher.

Das langsame, monotone Wiederholen des RA-DIC-IT oder anderer *Formel-Worte*, ohne dass man dabei an eine der einzelnen Bedeutungen denkt (denn das würde nur vom Ziel ablenken und verwirren), fördert den Rückzug nach innen und damit das Auftauchen des *Strahlt*-Erlebens, später aber dann auch das Eintreten der *Spricht*-Erfahrung. Das *Es Strahlt*, das Bild-Wirkende, das nichts mit den Augen zu tun hat, sondern eben etwas mit dem unbewussten Körperbild, dem „Bildhaften", den Spiegelungen bzw. der ‚imaginären Ordnung' des eigenen Organismus. Lacan spricht hier auch von einer „Lumineszenz", besser ist der Ausdruck ‚Luzidität', also einer Art innerlich wahrnehmbarer Erhellung.[4] Das wird später noch ausführlicher erklärt werden, für den Anfang mag eine kleine Erfahrung genügen. Ich gebe hier absichtlich keine Suggestionen, was man „sehen" oder erfahren soll. Ich sage nur, es soll diesen Charakter des *Strahlt* haben, wie unterschiedlich jeder das auch erfahren mag, und man sollte dabei das *Formel-Wort* RA-DIC-IT, dessen Aufbau man jetzt für die kurze Vorübung ausreichend kennt, rein gedanklich wiederholen.

Nach dieser ersten Vorübung, die nur ein paar Minuten dauern muss, kann man nun auch zusammenhängend beide Übungen nacheinander ebenfalls probehalber durchführen. Man sitzt – ich beginne erneut mit einem

---

[4] Lacan, J., Seminar V, Turia und Kant (2006) S. 371

Hinweis zur ersten Übung – in einer bequemen Haltung und achtet darauf, ob man irgendetwas, was den Charakter von etwas *Strahlendem* hat, wahrnehmen kann. Wie schon gesagt, kann es sich dabei auch einfach um das Erspüren eines Teils des „Körperbildes", der Luzidität in dem besagten ‚*Strahlt*-Punkt', handeln. Es hat nichts mit den Augen zu tun, es tritt spontan auf, wenn man längere Zeit still dasitzt, schließlich handelt es sich ja um die eine Grund-Trieb-Kraft (Bild-Blick-Wirkendes, Schautrieb).

Man hat dann nämlich das Gefühl, dass der Körper sich leicht verändert anfühlt, Arme und Beine werden beispielsweise wie „taub", leichter oder schwerer, während man am Rumpf vielleicht schon ein *kathartisches* ‚Durchrieseltwerden' spürt oder eben innerlich einen Helligkeitspunkt wahrnimmt. Manchmal macht man derartige Erfahrungen auch beim Einschlafen. Egal, indem man gleichzeitig das *Formel-Wort* RA-DIC-IT (und andere nacheinander) gedanklich wiederholt, stellt sich eine Helligkeitswahrnehmung, eine Entspannung, ein eher befreiendes, ‚durchrieselndes' Lösungsgefühl ein, das ich verkürzt ein *Es Strahlt* genannt habe, weil es eben irgendwie den Charakter von etwas *Strahlendem* hat und den Primärvorgang des *Schautriebs* bzw. der ‚imaginären Ordnung' darstellt.[5]

Nach einiger Zeit des Übens (probehalber nur nach zehn Minuten) macht man dann die gleiche Übung mit dem *Spricht*. Während man im Hintergrund noch langsam (evtl. mit kleinen Unterbrechungen) das R.A.D.I.C.I.T wiederholt hat und also die beginnende *Katharsis* spürt, konzentriert man sich jetzt darauf, etwas von der Art eines Tones, Verlautens, zu vernehmen, so als erklänge ein Laut, ein Stimmklang, ein anfänglich nur leiser Ton (oben und mehr rechtsseitig im Kopf, die Umgebung muss dazu natürlich anfänglich ruhig sein).[6] Vielleicht kommt es schon dazu, als

---

[5] Manche sagen, sie sehen Licht, doch dies ist verwirrend. Weder ist es ein Sehen, noch echtes physisches Licht. Wenn ein Helligkeitspunkt, eine eng gefasste Luzidität, auftaucht, muss man sich diesem immer wieder neu innerlich zuwenden und nichts mit Auge oder Stirne verkrampft zu holen versuchen. Da es ein Grundtrieb ist, ist dieser immer auch automatisch wahrnehmbar, wenn man entsprechend darauf achtet.

[6] Ich verweise bezüglich des Tones darauf, dass die Psychoanalytiker hier auch vom „Klang-*Objekt*" sprechen, einem innerpsychischen *Objekt*, das in der frühesten Kindheit auch von der Stimme der Mutter her mit aufgebaut wird. Lacan spricht hier auch vom „universellen Gemurmel", also einem raunenden Verlauten im Unbewussten, auf das man sich wie auf einen Klang, Ton, konzentrieren kann. Auch in Lacans Seminar vom 22. 5. 63 wird der

‚spräche' gar etwas. Egal was zu vernehmen ist, als Ton- oder Klangphänomen bezeichnen die Psychoanalytiker den primären Vorgang des *Sprechtriebs*, des *Es Spricht*, und um exakt dies geht es bei dieser zweiten Übung. Dieses Verlauten scheint von tief innen und von oben rechts oder von zentral im Kopf herzukommen.[7] Anfänglich wird es nicht gleich ein fertiger Spruch aus dem Unbewussten sein, den ich korrelativ zum Formel-Wort ein Identitäts- oder *Pass-Wort* nenne, sondern eben nur ein Laut, ein Ton (ein Es Verlautet, das im weiteren Verlauf eben zu einem *Es Spricht* werden wird).[8]

Ganz entscheidend hier nochmals die Bemerkung, dass nur dasjenige, das durch die *Katharsis*, durch die deutlich erhöhte psychische Verfassung, innerlich zu hören sein wird, „das drängt, sich erkennen zu geben", also die Wahrheit, die im Verdrängten steckt. Ansonsten könnten auch unwichtige Dinge zu vernehmen sein,

---

innere Ton erwähnt und auf dessen unterschiedliche Tonlagen in der chinesischen Sprache hingewiesen.

[7] Diese Anweisung hat unter anderem etwas mit der Linkshirnigkeit und dementsprechend mit dem „Rechts-Echo" des generell Sprachlichen zu tun. Mehr dazu später.

[8] Ich beziehe mich hier auch auf Lacans ‚Cà parle dans l'inconscient', *Es Spricht* im Unbewussten, zwar nicht druckreif, aber sprachbezogen, protosprachlich, wie manche sagen.

die nur lästig sind und am besten zur Seite geschoben werden. Schließlich war ja in Freuds Hypnose von der submanischen Stimmung die Rede, die Freud aber unglücklicherweise verlorengab, denn in der *Analytischen Psychokatharsis* ist sie wertvoll, um den Übergang zur zweiten Übung in richtiger Form zu ermöglichen.

Auch hier – bei der Erfahrung des Tons – stellt sich also eine entspannend-gesteigerte Konzentration ein, und manchmal kommt es zum Auftauchen einer wirklichen *Spricht*-Erfahrung: Ein Gedanke formuliert sich wie von weit her oder unerwartet spontan. Ich beschreibe diese Erfahrung erst später genauer, denn hierauf liegt ein Schwerpunkt des Verfahrens, der vor allem dem Kranken, Verzweifelten und psycho-physisch in Not Befindlichen helfen wird, seine Krankheit auch sprachlich zu verstehen. Während die *Strahlt*-Erfahrung wichtig für die mehr ‚körperlich kranke‘ Seele ist, indem sofort eine Erleichterung zu spüren ist, handelt es sich nun neben dieser *kathartischen* auch um eine *analytisch*e Erfahrung, deren genaue Ausprägung als *Pass-Worte* ich noch schildern will.

Um das Wirken der beiden Grundelemente (-triebe, -kräfte) vereinfacht darzustellen, habe ich also die ‚imaginäre Ordnung‘ verkürzt auch als ein *Es Strahlt*, und die ‚symbolische Ordnung' als ein *Es Spricht* bezeichnet. Und so fasse ich nochmals zusammen: Man braucht sich nur eine Weile abgeschirmt hinzusetzen und evtl. bei geschlossenen Augen darauf zu warten, bis sich ein derartiges Phänomen wie das *Strahlt* einstellt. Man kann es bei jedem Einschlafen und Aufwachen kurz bemerken, indem die sensomotorischen „Nervenströme" (Freud würde sagen: Besetzungen) sich zurückziehen und evtl. schnell wieder auftauchen und einem diese Änderung im Körperbild ganz kurz bewusst wird. Eine Änderung im Körperbild kann auch in Form eines Durchströmens, ‚Durchrieselns', Losgelöstseins auftreten oder im Gefühl eines sich vergrößernden Raumgefühls, oder kann eben als ein direkt wahrnehmbarer Luziditätspunkt auftreten. All dies ist ja eine Art von einem Es, das *Strahlt*.

In der gleichen Weise gehe ich auch mit dem vereinfachten *Es Spricht* um. Dies korreliert tatsächlich auch mit dem Besonderen der psycho*analytischen* Auffassung vom seelisch Unbewussten, nämlich dass es nicht etwas ist, das ein S e i n hat, sondern das etwas zu s a g e n hat, das *Spricht*. Das ist nicht ganz leicht zu verstehen. Ich werde es jedoch noch besser begreiflich machen, und kann auch hierzu erwähnen, dass dieses Phänomen ebenfalls oft kurz beim Aufwachen erfahrbar ist, wenn man noch einen fast wirren Gedanken aus dem Schlaf mit ins Wachsein nimmt, als würde er von einem selbst oder einer Stimme gesprochen. Ich brauche nicht zu sagen, dass derartige Phänomene deutlich im Traum vorkommen, hier sind sie jedoch meist so entstellt, dass man eine komplizierte Übersetzung, eine psycho*analytisch* umfangreiche Traumdeutung benötigt, um einen Sinn daraus zu gewinnen. In der *Analytischen Psychokatharsis* wird der Sinn weitgehend direkt wahrgenommen, „zu erkennen gegeben", wie jetzt schon mehrmals gesagt.

Man kann das Ganze auch naturwissenschaftlich ausdrücken und sagen, dass das *Strahlt* in Form ‚gespiegelter' körperlich-seelischer Vorgänge im Gehirn besteht,[9] die auch an jeder Krankheit mitwirken.[10] Aber eine solche Auffassung ist natürlich typisch ‚gehirnwissenschaftlich'. Denn wie für jede Krankheit eine derartige Nervenverschaltung genau aussehen soll, ist nicht zu sagen. Das zutreffende Sagen, das

---

[9] Ähnlich den ‚Spiegelneuronen', d. h. Nervenzellen, die spiegelbildliche Vorgänge verarbeiten, lässt sich psychologisch das von Lacan so benannte „Spiegelstadium" verstehen, das um den 18. Lebensmonat herum das Ich in Form erster selbstreflexiver Bilder entstehen lässt. Freud hat dies auch mit dem ganz frühen, primären Narzissmus zu erklären versucht.
[10] Solms, M., Turnbull, O., Das Gehirn und die innere Welt, Patmos (2004)

authentische Benennen, das symbolisierend Rhetorische (*Spricht*), bleibt auf der Strecke, insbesondere dann, wenn man mit psychosomatischen Störungen anschaulich umgehen will. Trotzdem könnte man es sich so denken, dass es auf der einen Seite um die Mitwirkung ‚spiegelnder‘, einen psychisch durchschauernder, submanisch gehobener Vorgänge geht. Diese unbewussten seelischen Spiegelungen, also eine Art von *Strahlt* wirken – wenn sie mit dem *Spricht* der *Formel-Worte* kombiniert sind – reinigend und können direkt körperbildhaft als *Katharsis,* als ein ‚Durchrieseln‘ erlebt werden.[11]

Und auf der anderen Seite geht es eben um *Wort-Wirkendes*, um eine Art des *Spricht*, das unabhängig von den *Formel-Worten*, jedoch in fast ähnlicher Form im Unbewussten existiert. In ihm steckt das innere Sprechen, das, was schon unbewusst in uns Symbolisierungen ermöglicht, also so etwas wie eine Art von Ur-Selbstgespräch, das ständig unbewusst in einem stattfindet. Dieses unbewusste Selbstgespräch muss man in sich aufgreifen, aufspüren und somit ‚entäußern‘

---

[11] Goethe sagt im Faust: „Das Schaudern ist der Menschheit bestes Teil". Gemeint ist dieses innere Durchschauern, wo es einem innerlich wie rieselnd, schauerartig herunterläuft. Das griechische kathairo (καθαιρο) heißt reinigen und meint das Gleiche.

können. J. Lacan spricht in diesem Zusammenhang auch vom Unbewussten als einem ‚typografischen Raum'[12] und „ultrareduzierten Phrasen" oder „inneren Sätzen", die es in jedem Menschen gibt.[13] Dies wird oft nicht richtig verstanden, nämlich dass das *Unbewusste* in der Psychoanalyse – ich wiederhole es – nicht etwas ist, was ein S e i n hat, sondern etwas (ein *Strahlt*), das etwas zu s a g e n hat und dieses ständig in uns artikuliert, raunt, murmelt und daher *Spricht*.

Hier die vollkommene Auflistung des Formel-Wortes RA-DIC-IT. So können wir hier z. B. Folgendes herauslesen: „adi cit r" (geh heran, es bewegt R), „C i tradi" (hundert I übergeben), „citra di" (diesseits die Götter), „dicit ra" (es sagt ra), „r adic it" (füge r hinzu, es geht), „radi cit" (gekratzt werden, es bewegt sich), „trad ici" (erzähle, ich habe getroffen) und natürlich auch das dicit und radiat, wenn dies auch nicht die perfekte Überlappung ausweist und wobei vieles recht unsinnig klingt. Dies hat jedoch für den formalen Ausdruck keinerlei Bedeutung. Ausschlaggebend ist hier nur, die wissenschaftliche Begründung (mehrere Bedeutungen in einer Formulierung, Verwendung nur anderer Schnittstellen) klar darlegen zu können.

---

[12] Lacan, J., Seminar V, Turia und Kant (2006) S. 176
[13] Lacan, J., Die Psychosen, Quadriga (1981) S. 135

3. Aspekte der Psychoanalyse

Um nicht mit allzu vielen Sachtiraden zu langweilen, hier einmal ein Beispiel aus meiner eigenen Erfahrung für ein *Pass-Wort*. Diese grund- oder ‚protosprachlichen' Äußerungen aus dem Unbewussten werden, wie erwähnt, durch die zwei Übungen der *Analytischen Psychokatharsis*, nämlich die rein mental wiederholten *Formel-Worte* und das Achten auf das innere Körpergefühl, das *Es Strahlt*, und schließlich auf das Nach-Innen-Hören, Lauschen, Konzentrieren auf den inneren Laut, dem *Es Spricht*, geweckt. Ich meditierte schon ein, zwei Jahre, als ich bei einer Bergwanderung, begünstigt vielleicht durch eine leichte Ermüdung, eine Rast einlegte und meditierte. Plötzlich, wie von ferne, aber doch klar, vernahm ich ein Wort: „teetrunken". „Teetrunken"? Was soll das heißen? Seltsam, leise und wie aus der Tiefe des körperhaft Unbewussten herauskommend. Es war ganz klar, ich habe mich nicht verhört: „teetrunken", was soll das!?

Das Rationale schaltet sich sofort ein und sortiert in Sekundenschnelle, ob das Gehörte Unsinn ist oder doch versteckten Sinn hat. Kann man von Tee trunken werden? Vielleicht, aber ich denke, die Bedeutung besteht aus einem mehr übertragenen Sinn. Es ist ganz klar, was es heißt, denn wenn es aus einem selbst kommt, weiß man es meist sofort. Für mich hatte es die Bedeutung einer Trunkenheit durch die Meditation generell, in der man eben nicht trunken wird von dem, was üblicherweise trunken macht. So eine Trunkenheit wie die jetzt von mir aus dem Nichts her verspürte und gehörte wurde ja oft behauptet. Mittelalterliche Mystiker und asiatische Weisheitslehrer erwähnen solche Phänomene mit Worten wie „in Ekstase" oder „von Gott intoxikiert sein". Ich nenne so etwas eine einfache *Katharsis*, eine Selbstsublimation, eine entspannende Abreaktion, das Wahrnehmen eines leichten „Durchrieselns" im Körperbild, ein befreiendes Umschalten im neuropsychischen System, das dann eben einen Kanal für das Gedankenhören öffnet, wenn man sich diesem zuwendet.

Es verhält sich ja auch oft im Normalzustand so, dass man nicht weiß, ob ein Gedanke jetzt ganz aus dem eigenen Ich kommt oder von woanders her angestoßen wurde. Gedanken hat man nie ganz alleine. Trotz allem: „Teetrunken" war ein gutes und schönes Wort. Dass langandauernde Stille zu dröhnen anfängt, wie man so sagt, stimmt natürlich nur unter der Bedingung, dass sie angespannt ist, also wenn Menschen z. B. wegen eines Problems beieinandersitzen und keiner sagt etwas. Aber in der Situation, in der man erschöpft von der Wanderung ruht, fängt die Stille eher an zu flüstern, zu murmeln oder nach Gedanken zu klingen. Die Verortung von oben oder rechts oben, wie ich behaupte, soll keine rein neurologische Orientierung bedeuten.

Es hat wohl nur nebenbei mit der Nervenkreuzung zu tun, in der das linkshirnige Sprachzentrum sich nach rechts hin auswirkt. Es hat auch etwas mit den Wortassoziationszentren zu tun oder einfach mit dem Bedeutungs-Kontext, in dem man mit anderen verbunden ist. Lacan sagt, es sind die im Körper sich unbewusst stauenden Echos all des Hörbaren und Gehörten, das sich meldet, und dies besonders, wenn man, wie ich auch in diesem Fall, vorher meditiert. Es handelt sich um eine Prosodie und nicht um eine ‚Abwehr‘, die zwar verdrängt, aber nicht so tief verdrängt oder gar im Seelischen ganz abgespalten ist, wie es das jetzt durch meditative Provokation hervorgerufene Unbewusste darstellt, das die sich erkennen zu gebenden *Pass-Worte* freilassen muss.[14]

---

[14] Ich muss klarstellen, dass das psychisch Abgespaltene den ‚protosprachlichen‘, ‚symbolischen Automatismus‘ (Lacan), betrifft, und im *Pass-Wort* sich nicht so tief unbewusste, evtl. sogar vorbewusste Anteile, mischen. Die Nähe zur Psychose habe ich in vielen Büchern diskutiert und zeigen können, dass gerade das strikt F o r m a l e der auf der Ebene des Bild-Wort-Wirkenden

Es gibt neben den neurotischen auch ganz normale, alltägliche Wege, diese Triebkräfte und ihre „Abwehrmechanismen" zu regulieren, und dies tut man kulturbedingt ja auch ständig. Man tut dies in Form dessen, was man eine Sublimierung nennt. Unter Sublimierung versteht man die Verfeinerung, Anhebung, Verbindlichmachung dieser unbewussten Triebkräfte und psychischen Ordnungen ins Bewusste, Gesellschaftliche und Philosophische hinein. Arbeit, Kunst und eben Kultur, aber auch körperliche Bewegung, soziale Kontakte und vieles andere mehr können die ungesteuerten Triebkräfte ebenfalls so steuern und regulieren, dass sie dem bewussten Alltags- und Gefühlsleben als normale Empfindungen zugänglich gemacht sind. Manche dieser Sublimierungen sind also mehr intellektuell, andere mehr körper- oder gefühlsnah. Die gerade von mir geschilderten Vorgänge in der *Analytischen Psychokatharsis* stellen dagegen eine Selbstsublimierung dar, eine Sublimierung also, die möglichst nah am Kern der Kombination des *Strahlt/Spricht* vor sich geht und dies mit der ebenso geformten Struktur der Formel-Worte provoziert. Und das ist etwas anderes als neurotische Abwehr.

---

zusammengeführten Grundkräfte, den gesicherten Weg der *Analytischen Psychokatharsis* bestätigt.

Die Psychoanalyse ist also eine sehr intellektuelle Methode, bei der auch viel enthüllt und geistig-seelisch verarbeitet wird. Aber trotz ihres weitreichenden Bezugs fehlt ihr die Nähe zum Körperlichen, Körperhaften und Kreativen. Diese Aspekte zeigen das heute oft vorherrschende Problem der Psychosomatik, wenn man nämlich die Frage stellt: Wer ginge z. B. mit Migräne oder chronischen Magenschmerzen Hunderte von Stunden in eine psycho*analytisch*e Gesprächsbehandlung, in der er zwar sehr viel über sich erfährt, aber kaum eine Erleichterung seiner Beschwerden verspürt? Wer ginge mit einer ‚körperlich kranken Seele‘ in eine Therapie, die nicht direkt an der Nahtstelle von Seele und Körper wirkt, wo sein Leiden sitzt? Das Leiden sitzt eben an dem gerade genannten Kern der Kombination des *Strahlt / Spricht* und muss deswegen von dorther angegangen werden. Und es muss – vielleicht nicht immer, aber am besten bis zur – leicht submanischen – Klärung durch die *Pass-Worte* führen.

Genauso wenig wie dem Kranken und Suchenden also Sport allein weiterhelfen würde, weil eben die Zusammenhänge der innerseelischen Triebkräfte dabei nicht geklärt und gelöst werden, sondern nur eine allgemeine, pauschale und fitnessbedingte Erleichterung erreicht wird, vermag also die ausschließlich *analytisch*e Therapie wiederum nicht physisch spürbar genug

Verbesserung solcher psychosomatischer Erkrankungen zu bringen. Und auch die Kunst, Yoga oder andere gefühlsnahe psychotherapeutische Methoden (siehe Abbildung 1) können gerade die ‚körperlich‘ und auch ‚psychisch kranke Seele‘ oft nicht genügend heilen, so sehr sie auch hilfreich sind. Wie schon angeführt müsste man auch Religion, Familie, Intimität und noch vieles andere hinsichtlich der Sublimierung hier anführen. Jeder dieser Bereiche hat aber auch für ein therapeutisches Verfahren seine Grenzen oder ist hier gar nicht zuständig. Ich zeige alle diese Zusammenhänge in einer bildlichen Übersicht (Abb.1 unten).

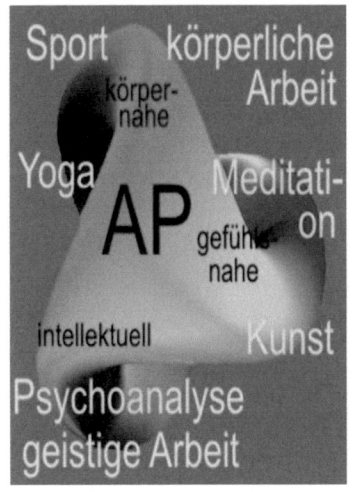

Abb. 1 Zusammenhänge (körper-, gefühls- und intellektbezogen) verschiedener Möglichkeiten einer Sublimierung auf dem Hintergrund einer Boyschen Fläche. Die einzelnen Bezeichnungen sind nur eine Auswahl von kulturellen, psychotherapeutischen oder sonstigen Zugängen zum Menschen in seiner Gesamtheit als Subjekt. Die Boysche Fläche ist ein Durchschlingungsgebilde, ähnlich dem Tranguloid auf der zweiten Seite, und ist somit auch wieder mathematisch aufgebaut. Sie demonstriert so erneut die Vielschichtigkeit in einer einheitlichen Formulierung. Dies wird noch von zentraler Bedeutung für die *Analytische Psychokatharsis* sein (gekennzeichnet mit AP).

Trotz aller Sublimierungen bleibt also im Alltagsleben immer noch ein unbewusster Rest an diesem ungesteuerten Begehren, an den Triebkräften und ihren „Abwehren" übrig, speziell der Kernpunkt des *Strahlt/Spricht*, sodass die Seele trotz guter sonstiger Lebensbedingungen krank werden kann und man eine Psychotherapie benötigt. Man hat schon oft gesagt, eine solche wäre für jeden gut. Die Psychoanalyse greift aber nicht weit genug ins Meditative (Bild-Wirkende, *Es Strahlt*) hinein. In der *Analytischen Psychokatharsis* wird durch direktes Üben mit dem Werkzeug der *Formel-Worte* exakt dieser Kernpunkt, der zwischen *Übertragung* und *Deutung* liegt, direkt angerufen und geweckt, sodass er etwas herausgeben muss, das ich eben ein Deutungs- bzw. *Pass-Wort* nenne.

Um aber nun nicht immer wieder und weiter in die Theorie einzusteigen, hier nunmehr nochmals ein Wechsel zur Praxis, mit der sich auch das Theoretische detaillierter erklären lässt. Ich will mit diesen einleitenden Bemerkungen nur vermitteln, dass trotz allem und grundsätzlich die Psychoanalyse als vereinfachtes wissenschaftliches Werkzeug wichtig ist, ein meditatives, entspannungstechnisches Verfahren aber nötig bleibt und in gleichem Maße, ja vielleicht noch mehr zur Heilung beiträgt.

Kurze Zusammenfassung

In der *Analytischen Psychokatharsis* sitzt man also in einer bequemen Haltung und gibt sich jetzt nicht wie in der Psychoanalyse den „freien Assoziationen" hin, mit denen man die *Übertragung* auf den Therapeuten in Gang setzt. Auch meditiert man nicht mit irgendeiner mythisch-mystischen Methode. Vielmehr überlässt man sich völlig dem Inneren und bündelt diese gedanklichen Einfälle von vornherein durch das mentale Wiederholen der genannten *Formel-Worte*. Fast möchte ich sagen, dass man diese lateinischen, in sich verschachtelten Ausdrücke lieben muss, um den besten und intensivsten Effekt in Richtung der *Katharsis* zu haben. Mit dem „RADICIT" als einer am Rande des Sprachlichen stehenden Formulierung habe ich nur eine kleine Vorübung geben wollen. Am Rande des Sprachlichen sind ja die „freien Assoziationen" eigentlich auch, denn man äußert sich ja ganz unzusammenhängend, ja manchmal chaotisch, wenn man alles sagt, was einem spontan einfällt.

Doch sind diese spontanen, freien Einfälle immer noch sehr vom direkten, kommunikativen Umgangs-Sprechen her bestimmt. Niemand „assoziiert" wirklich total „frei". Interpretationen der „freien Assoziationen" sind immer schwierig und benötigen daher viel Zeit.

Dagegen ist durch eine Wendung nach innen und ein fast monotones Wiederholen der *Formel-Worte* sofort eine gewisse konzentrative Entspannung erreicht und eine Öffnung zum Unbewussten ermöglicht, wobei die *Übertragung* nicht auf eine neben uns sitzende Person wie den Analytiker gerichtet ist, sondern auf das Nichts, das Halbdunkel, die Leere oder das Wesen des bedeutenden *Anderen* in uns, wie in Fußnote 3 erwähnt.

Zu diesem inneren *Anderen* trage ich freilich auch selbst bei, wenn auch nur als Ich in der dritten Person Singular, so wie es der Schriftsteller A. Rimbaud mit seinem bekannten Satz „Ich ist ein *Anderer*" beschrieb. Er sagte nicht „Ich bin ein *Anderer*", denn das wäre schizophren. Aber Es, das Unbewusste, ist anders, ist wie ein *Anderer*, das geht. Schließlich habe ich das Verfahren nach vielen Umwegen selbst erfunden und stehe so als Therapeut im Hintergrund. Dies wird in vielen Meditationsformen in unguter Weise (Personenkult, Glaube an den Guru) ausgenutzt, indem die *Übertragung* eben nicht aufgelöst wird. Man lässt den Adepten in der Schwärmerei und dem Glauben an das Wissen und die Größe des Therapeuten oder Meditationslehrers bzw. seiner Position und an die damit verbundene Errichtung des in einem selbst bewirkten *Anderen*, der aber der Gleiche ist. Deswegen betone ich die Ausrichtung der *Übertragung* einfach in das Nichts, in die Leere oder in das freie Dunkel vor einem hinein und nenne es eine Ur-*Übertragung, die* den wahren *Anderen* anvisiert.

Die Ur-*Übertragung* betrifft ja letztlich wieder nichts anderes als die Kombination des *Strahlt/ Spricht* in wissenschaftlicher Form, die die Gewissheit vermittelt, dass in der zweiten Übung nicht irgendetwas aus dem scheinbaren Nichts antwortet, sondern dass aus der *Katharsis* des *Strahlt* der ersten Übung heraus die Sublimierung so gesteigert wird, dass der/das unbewusst *Andere* zur Antwort gezwungen ist. Während dieser *Übertragungs-Deutungs-*Vorgang in der klassischen Psychoanalyse durch ein langwieriges Hin-und-Her-Sprechen erarbeitet werden muss, ist der Weg über die Ur-*Übertragung – Formel-Wort – Pass-Wort* leichter zu durchschreiten. Denn nicht nur die Steigerung der Sublimierung ist wesentlich, noch wesentlicher ist die Führung durch die bild-wort-wirkende Struktur der Formel-Worte. Lacan spricht hier von den défilés signifiantes, den Bild-Wort-wirkenden Engführungen der Signifikanten (*Strahlt/ Spricht).*

Einen personifizierten *Anderen* wie einen Gott oder die Imago des Gurus in einem selbst braucht es nämlich nicht. Trotzdem ist der Begriff des *Anderen* an dieser

Stelle des Unbewussten richtig, denn man ist es letztlich selbst, der die Antwort gibt, aber nicht als Ich, sondern als Unbewusstes in der dritten Person Singular, eben als *Anderer*, *Anderes*, als ‚Es-Du'. Wie in der *Analytischen Psychokatharsis* die letztlichen *Deutungen,* die ich schon als aus dem passend geöffneten Unbewussten kommende *Pass-Worte* genannt habe und die Inhalt der zweiten Übung sind, genau zustande kommen, berichte ich – nach einem erneuten, kurzen praktischen Versuch – auf den nächsten Seiten.

4. Die beiden zusammengeführten Übungen

Ich empfehle also jetzt – zum letzten Mal und zum leichteren Verständnis –, die zwei praktischen Übungen nacheinander durchzuführen. Man wiederholt in der ersten Übung also rein gedanklich langsam hintereinander ein, zwei oder bis zu fünf *Formel-Worte*,[15] während man gleichzeitig darauf achtet, ob etwas auftaucht, das den Charakter eines *Strahlt* hat. Es kann sich dabei um eine Erhellung, Körperbildwahrnehmung, ein Schimmern oder eine – wie Lacan sagt – ‚Luzidität' handeln. Genauso kann aber auch ein ‚Durchrieseln' zu spüren sein oder die Empfindung auftauchen, wie das eigene Körperbild sich verschiebt, sich weitet und sich durchströmt. Oder es ist einfach nur schwarze Farbe vor den geschlossenen Augen festzustellen. Denn Schwarz ist schon eine Wahrnehmung, die sich von der Dunkelheit im Kopf ganz gering abheben kann. Egal was auch immer ‚gesehen' oder erfahren wird, es wird den Charakter von einem auch nur ganz geringen *Es Strahlt* haben, und das genügt. Erst in einer zweiten Übung kommt durch Konzentration

---

[15] Weitere *Formel-Worte* sind in anderen Veröffentlichungen oder auch auf der hinten angegebenen Webseite zu finden. Vorerst genügt eines, zwei weitere werden noch im nachfolgenden Text gegeben. Der genügen für den Anfang.

anderer Art, nämlich auf einen ‚Laut' oder ‚Ton', auf ein *Es Verlautet*, eine Antwort (ein volles *Spricht, Pass-Wort*) auf diese erste Übung zustande.

Die erste Übung eröffnet einen neuen Raum, eine Art Raum im Raum. Es hat etwas mit der Grundstruktur des Raumes, der Räumlichkeit als solcher, dem Hyperraum (ineinander geschachtelten Räumen) zu tun. Ich kann hier nur auf Freuds bild-räumliche Vorstellung des *Unbewussten* verweisen, wonach dieses so aufgebaut ist, als wenn die Stadt Rom aus antiken, mittelalterlichen und neuzeitlichen Gebäuden – alle ineinandergeschachtelt – dargestellt würde. Diese vertiefte Erfahrung kommt auch dadurch zustande, dass die Verwendung der *Formel-Worte* zu sehr tiefen Schichten des Unbewussten führt, gerade weil sie das Bewusstsein und den Verstand nicht auf einer zu wachen und nach außen hin orientierten Form belassen.

Ein Gebet, eine sinnfixierte Meditationsformel führen dagegen einen vordergründigen Sinn mit sich und fixieren Gemüt, Seele und Verstand an dieser Oberfläche. Die atavistische Erfahrung des ‚Durchrieselns', aber auch der ‚Luzidität' und der befreienden Entspannung lassen die Seele und auch den Verstand durchaus klar im Hintergrund bestehen, fördern jedoch dafür auch das Auftauchen ‚unbewusster Gedanken'. Freud prägte selbst diesen Ausdruck, der befremdlich wirkt, weil wir uns nicht vorstellen können, dass man unbewusst denken kann. Deswegen ist Lacans Formulierung von den „ultrareduzierten Phrasen" passender. Hier wird eher gesprochen als gedacht, es kommt jedoch auf das Gleiche heraus: Es geht um die Erfahrung, eine Erkenntnis, wie sie in der *Analytischen Psychokatharsis* in Form der *Pass-Worte* genutzt wird.

Bei der zweiten Übung wird nunmehr auf genau dieses *Spricht*, dieses „Es Verlautet", also auf ein von oben im Kopf herkommendes Verlauten, auf einen Ton, auf etwas aus dem tiefen Inneren Herausklingendes geachtet. Es sind Buchstaben, die aus diesem „typografischen oder topologischen Raum" herausklingen, die das Unbewusste dort gespeichert hält.[12] Und genau in diesen „typografischen, topologischen Raum" sind die *Formel-Worte* eingedrungen und haben durch ihren rein f o r m a l e n ‚Gleichklang' (sich überschneidender Klang) auch dort die Buchstaben geweckt und evoziert, die mit dem verdrängten zu tun haben. Auch hier gilt das Gleiche: Es handelt sich um einen ganz originären Aspekt des Entäußerungs- bzw. Sprechtriebes, der in jedem Menschen vorhanden ist und im Unbewussten sogar die Form ganz knapper, kompakter „innerer Sätze", „ultrareduzierter Phrasen" annimmt (alles Begriffe für diese lautliche Erfahrung). Auch hier können anfänglich nur ein feines Rauschen, ein ferner Laut, ein Ton oder Ähnliches wahrgenommen werden, der Übende wird jedoch von Anfang an bemerken, dass es sich hier – wie betont – um eine Konzentration auf ein mehr oben-rechts oder oben-zentral im Kopf befindliches Hör-Sprechsystem handelt, zu dem der „typografisch-topologische Raum", also die ‚symbolische Ordnung', Beziehung hat, auf die hier zurückgegriffen wird. Schon ein bestimmter Ton kann Symbolcharakter haben.

Auch diese Übung stellt keine absolute Neuheit dar. Sowohl in christlicher als auch in asiatischer Mystik oder mythischen Körpertechniken wird auf Analoges, wenn auch völlig anders Geartetes wie die *Formel-Worte* verwiesen, deren Übung dann ganz in ähnlicher Weise innere, lautliche Erfahrungen, Stimmen und Kurzsätze – also so etwas wie *Pass-Worte* – evozieren. Sie sind jedoch konfessionell eingeengt. So spricht man im Yoga von der „Girlande der Buchstaben", also einem ebenso kreisförmigen *Strahlt,* das *Spricht.* Ich beziehe mich damit auf das Buch von A. Avalon, in dem Yogaübungen zitiert werden, die entsprechend aufgereihte Buchstaben enthalten und die zu meditieren sind.[16] Freilich ist ihre Anordnung völlig

---

[16] Avalon, A., Die Girlande der Buchstaben, O. W. Barth-Verlag.

unwissenschaftlich, genauso wie der in der oben nebenstehenden Abbildung gezeigte und mit Buchstaben bestückte Strahlenkranz des Evangelisten Markus als Ausdruck seines heiligen, meditativen Zustandes.

Das nebenstehende Bild demonstriert die ‚spirituelle' Verbrämung als oberhalb des Kopfes befindlich, während in der *Analytischen Psychokatharsis* die Dinge sich im Kopf selbst ereignen, was plausibler ist. Dennoch ist es interessant, dass der barocke 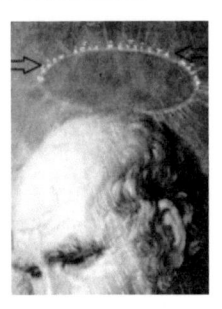 Maler hier einen Buchstabenkranz dargestellt hat, wo man sonst und üblicherweise nur einen ‚Heiligenschein' sieht. Offensichtlich hatte der Maler intuitiv das Gefühl, dass es eine enge Kombination des *Strahlt / Spricht* geben muss, um eine reife Persönlichkeit zu werden. Aber er hatte noch keine Wissenschaft dafür und auch keine moderne, praktische Methode.

So dürfte klar geworden sein, wie beide Übungen hintereinander ausgeführt werden und doch im *kathartischen* Pass-Wort eine Einheit finden. Auch wenn es noch kein geeignetes Pass-Wort gegeben hat, kann man erneut auf die erste Übung zurückkommen und erneut mit der zweiten enden. Der Ton allein fördert jedenfalls die Tiefe der Meditation, und dies wirkt sich dann nochmals verstärkend auf die erste Übung aus. Ich gehe erst später – auch mit weiteren Beispielen zu den *Pass-Worten* – darauf ein, zu welchen mehr *analytischen* und damit auch weniger *kathartischen* Effekten die zweite Übung führt. Lacan spricht diesbezüglich von den „défilés logiques", den logischen Engführungen, den Durchtunnelungen der *Signifikanten*, durch die etwas wesenhaft Unbewusstes sich hindurchquälen muss, um zu Bewusstsein zu kommen.

5. Das Wesen des *Formel-Wortes*

Das *Es Strahlt* und *Es Spricht*, das *Bild-* und *Wort-Wirkende*, sind also ständig unbewusst in uns verknüpft. Je unbewusster und fehlerhafter diese Verknüpfung ist, desto mehr kommt es eben zu psychosomatischen oder auch rein seelischen oder sonstigen Beschwerden (Hemmungen, ‚Abwehren‘, Blockierungen, Spaltungen). Dabei spielt natürlich auch die Art, wie die Objekte der Außenwelt (dazu gehören auch menschliche ‚Objekte‘) in diese Verknüpfung einbezogen sind, eine große Rolle. In einer klassischen Psychoanalyse kann das *Wort-Wirkende* aus dem Unbewussten über die Träume und ihre Deutung, über die sogenannten „freien Assoziationen" und deren Interpretationen oder über die Erfahrung und Deutung von Fehlleistungen und Versprechern bewusst gemacht werden. Darin ist das *Bild-Wirkende* zwar etwas einbezogen, kommt aber meist viel zu kurz und – wie gesagt – wird nicht genug körpernah erfahren. Zudem stört oft die zu nahe persönliche Gegenwärtigkeit des Therapeuten, und es sind nicht nur die Aspekte seiner Realität, sondern auch die seiner *Gegenübertragung* meist hinderlich für den therapeutischen Fortschritt.[17] So ist die klassische, althergebrachte Form der Psychoanalyse für eine körperbezogene psychotherapeutische Methode zu komplex, zu kompliziert und zudem psycho-linguistisch, also bild-worthaft, nicht genug ausgearbeitet.

Meditative Methoden haben dagegen für sich allein genommen den Vorteil, dass sie praxis-, also auch bildhafter und körpernäher sind. Nachteilig sind dafür aber eine zu starke Abhängigkeit vom Meditationslehrer und von seiner Lehre und die Tatsache, dass meditative Verfahren viel zu sehr vom Bewussten oder besser: Gewussten, also vom schon vorgegebenen Sinn, Thema und Gedanken ausgehen, die eine bereits zu sehr bestimmte Form haben. Die dort gegebene Gedankenwelt ist zwar einfacher zu verstehen, sie ist bildhafter, plastischer, anschaulicher (*Strahlt*). Aber sie vernachlässigt wiederum das von der Psychoanalyse für so wesentlich und wichtig angesehene und mehr worthafte, symbolbezogene (das *Spricht*), also das eben

---

[17] Damit ist die gegenläufige *Übertragung* des Analytikers auf die *Übertragung* des Patienten gemeint. Oft wirken sich auch Realaspekte des Therapeuten, seine Stimmlage, seine Atemgeräusche und anderes mehr als negativ aus. Auch die „gleichschwebende Aufmerksamkeit" ist problematisch. Sie kann nie so weit in die Tiefe reichen wie in einer Meditation, da der Therapeut gleichzeitig dem Patienten zugeneigt bleiben muss.

doch noch weitgehend unbestimmt belassene *Unbewusste*. Diesen wichtigen Aspekt kann man gar nicht genug betonen, denn er macht die Wissenschaftlichkeit aus.

Wenn die Kombination, der Knoten, dieser beiden Grundkräfte, -triebe zu eng, zu fixiert, zu sehr ins reine *Strahlt* oder *Spricht* gekippt ist, findet eine *Wiederholung* statt, die den Knoten fixiert hält. Im *Unbewussten* besteht sozusagen ein ständiger Zwang zu *Wiederholungen*. Die oben genannten Konflikte und Kombinationen der Triebkräfte werden also konstant unbewusst wiederholt, und auch darin zeigt sich wieder der *Strahlt* / *Spricht*-Komplex in direkter Form, den man in der *Analytischen Psychokatharsis* jetzt bewusst aufnehmen kann, um ihn formelhaft, formal-linguistisch zu wiederholen. Das ist ein ganz anderes Wiederholen, ein – wie die Analytikerin A. Bitsch es nannte – „gutes Wiederholen". Man geht damit also, wie schon angedeutet, in der *Analytischen Psychokatharsis* fast gänzlich umgekehrt vor.

Man wiederholt nämlich hier den zentralen Komplex, der in der Psychoanalyse als krankhaft behandelt werden muss, in einer Weise, in der er durch die *Formel-Worte* aufgefangen, in der Schwebe (korrelierend der ‚gleichschwebenden Aufmerksamkeit' in der

Psychoanalyse) gehalten und schließlich einer endgültigen Behandlung zugeführt wird. Durch die forcierte Wiederholung einer psycholinguistischen (linguistisch-kristallinen) Hilfsstruktur wird dem *Unbewussten* sozusagen eine Deutung geradezu abgepresst und dem unbewussten Wiederholungszwang als die „gute Wiederholung" entgegengesetzt. In dieser ‚Transaktion' – wie Lacan es nennt – liegt der beiden Verfahren gemeinsame wissenschaftliche Faktor.

Während also die Wiederholungs-Vorgänge in der Psychoanalyse als krankhaft, neurotisch gesehen werden, ist die Wiederholung durch Üben, die Lern-Wiederholung der *Analytischen Psychokatharsis,* eine bewusste und nicht krankhafte Wiederholung. Schon damit verschiebt sie den Platz des Krankhaften ins Neutrale, der Gesundung gegenüber Offene. Bei den alternativen Methoden wie dem autogenen Training, der Verhaltenstherapie und reinen Meditationsverfahren, die wie erwähnt zu vorbestimmt arbeiten, wird quasi vorausgesetzt, dass der Therapeut einen besseren Knoten des *Strahlt / Spricht* zur Verfügung hat. Diese zu enge Fixierung wird nicht aufgehoben.

Hier spürt man, dass man vom Therapeuten oder Meditationslehrer und dessen Auffassung abhängig bleibt, und nicht im Neutralen mit dem Üben beginnt, wie dies bei der *Analytischen Psychokatharsis,* insofern sie auch etwas von diesen meditativen Aspekten enthält, der Fall ist. Sie bietet eine Hilfsstruktur an, die im Unbewussten selbst vorhanden ist und hier zwar – wie schon mehrmals gesagt – nur rein f o r m a l, aber zusätzlich psycholinguistisch geordnet Verwendung findet. Sie setzt voraus, dass das Unbewusste alles weiß, zumindest wesentlich mehr als das Bewusste, wie Freud immer betonte: „Das Unbewusste denkt, urteilt und kalkuliert nicht, aber es weiß"!

Ich muss leider solche theoretischen Bemerkungen machen. Wenn man meint, genügend Theorie gelesen zu haben und überzeugt zu sein, kann man gerne mit Kapitel 7 weiterfahren. Doch ich will den Leser nicht über die angekündigten *Formel-Worte* im Unklaren lassen. Die *Formel-Worte* entsprechen exakt dem Unbewussten, von dem Lacan sagt, dass es „strukturiert ist wie eine Sprache, wie die Sprache des *Anderen"* (des Symbolischen oder Logischen). Das *Unbewusste* ist letztlich durch diese Kombinatorik „topologisch", ja, man könnte fast sagen hieroglyphisch (so wie Bild-Wort-Zeichen)[18] verfasst. Wir wissen dies

---

[18] Dabei steht das Bild wieder mehr für das erste, tiefere Unbewusste, das Wort mehr für das Vorbewusste. Es gibt jedoch geringe Vermischungen.

insbesondere von den Bild-Wort-Zeichen des Traums, den ja Freud als die via regia zum *Unbewussten* bezeichnet hat. Aber auch bei einfachen Versprechern kann man dies beobachten, dass drei oder mehr Bild-Bedeutungen sich zu einer Wort-Bedeutung verdichten können und dass dies unbewusst geschieht.

fa mil i är

mil l i on är

fa mil l i on är

Abb.2 Die Vielschichtigkeit dreier Bedeutungen entsprechend ihrer klang-bildlichen Struktur unter einander geschrieben.

So erzählte einmal Heinrich Heine die Geschichte eines Mannes, der mit seiner Bekanntschaft des reichen Baron Rothschilds prahlen wollte. Er wollte sagen, dass er mit ihm wie „familiär" verbunden sei, sagte aber: „Ich bin mit ihm so „famillionär". Die Wahrheit also, dass es doch die Millionen waren, die ihn faszinierten, rutschte ihm so aus dem Unbewussten heraus. Und genauso wie im „famillionär" eine Mehrfachbedeutung steckt, nämlich die des Familiären und der Millionen (und somit die Unverblümtheit einer Habgier), so auch in den *Formel-Worten*. Diese bestehen ja aus drei oder mehr bildhaften Bedeutungen (Vorstellungen), wie ich sie für das „RADICIT" bereits geschildert habe. Die *Formel-Worte* werden jetzt in der *Analytischen Psychokatharsis* aber umgekehrt wie der

Versprecher im obigen Beispiel benutzt, nämlich konstruktiv, progressiv.

Indem nämlich das *Formel-Wort* nur eine bedeutungslose Formulierung bildet, obwohl ein Mehrfaches an Bedeutungen in dieser Formulierung, in diesem Wort-Zug des *Formel-Wortes* steckt, weckt es das *Unbewusste*. Wie ja dargestellt hat dieser Schrift-Zug mehrere Schnittstellen, und liest oder spricht man ihn von jeweils einer anderen Schnittstelle aus, kommt immer eine andere Vorstellung heraus. Es verhält sich also genauso wie in dem oben genannten Beispiel: Man kann familiär, Millionär oder eben „familiär mit den Millionen" heraushören.

In diesem Mehrfachen von Bildern, Worten und deren Schnittstellen funktioniert also das *Unbewusste* und ebenso die *Formel-Worte*. Es ist nichts anderes als eine Kombination des Bild- und Worthaften in eben dieser Form von Schnittstellen, wie wir sie auch aus der modernen Computertechnik kennen. Dort ermöglicht eine Schnittstelle den Austausch zwischen zwei oder mehr Systemen. Übt man durch gedankliches Wiederholen ein derartiges – jetzt jedoch, wie zuvor erwähnt, ein konstruktiv überdeterminiert aufgebautes – *Formel-Wort*, so greift dieses nun genau in die bereits vorhandenen Schnittstellen des ja genauso verfassten

Unbewussten (Bild / Wort, *Strahlt/ Spricht*) ein. So kann dieses geöffnet und moduliert werden. Die *Formel-Worte* sind sozusagen kleine Maschinen, Katalysatoren, die man passgenau ins Unbewusste absenden kann. Dort passen sie wie psycholinguistische Schlüssel ins entsprechende Schloss (perfekte ‚Transaktion'). Ein derartiges *Formel-Wort*, das nunmehr bild- und worthafte Elemente noch deutlicher vereint und das wiederum aus der lateinischen Sprache stammt, die sich dafür besonders eignet, ist beispielsweise auch: VE-RO-RA-TE.

Dass auch klare Worte darin stecken, wird der Lateinkenner sofort bemerken. Auch der Begriff des „linguistischen Kristalls" passt hier genau. Um aber jetzt nicht wiederum in der Theo-

rie zu weit zu gehen, werde ich den worthaften Aspekt dieser lateinischen Formulierung und deren wissenschaftlich präzisen Hintergrund hier kurz erwähnen. So steckt in der lateinischen Formulierung VE-RO-RA-TE z. B.: vero rate (durch das Wahre ist es sicher), V ero rate (als fünf werde ich gültig sein), r at evero (als R aber ich werde vergangen sein), e ver orat (als E möge der Frühling brennen oder die Jugend spricht E), rorate ve (tropft durch Gewalt!), vero rate (wirklich durch das Schiff), or at e ver (brenne jedoch seit

Jugend). Noch zahlreiche weitere Bedeutungen stecken darin (z. B. heißt ora auch die Münder, Gesichter), orate auch sprecht! betet! Bedeutungen also, die alle letztlich unwichtig und auch oft unsinnig sind, wenn man nunmehr die Formulierung stets nur von einer anderen Stelle aus liest.

Doch es verhält sich wie mit dem Versprecher oder dem Traum, der ja auch unsinnig ist und aus dem man in der Psychoanalyse dennoch einen wichtigen versteckten Sinn herausziehen kann. Denn man übt ja letztlich nicht die einzelnen und zum Teil recht seltsamen Bedeutungen, sondern nur die geschlossene Formulierung. Die Darstellung der Schnittstellen dient, wie schon mehrfach erwähnt, lediglich dem wissenschaftlichen Aufbau. Dies zeigt sich wiederum besser anhand der Kreisschreibung. Egal, von wo aus man das Lesen im Uhrzeigersinn startet, eine konstante mentale Wiederholung führt dazu, eine Formulierung ähnlicher Art direkt aus dem Unbewussten zu wecken. Wie ich ja Lacan zitierte: *Es Spricht* im Unbewussten.

Es ist klar, dass das *Formel-Wort* damit völlig disparate Bedeutungen enthalten muss, sodass selbst der kreativste Denker nicht aus den bewussten Bedeutungen eine Sammelbedeutung, einen direkten Sinn herauslesen kann. Die Disparatheit der Bedeutungen ist genauso wichtig, wie die Tatsache, dass es sich um echte Bedeutungen handelt, selbst wenn sie nicht immer logisch oder gar unsinnig sind. Man übt – betone ich nochmals – ja nicht die einzelnen Vorstellungen, sondern nur die geschlossene, einheitliche und rein strukturelle Formulierung. Die Zerlegung an den Schnittstellen dient lediglich der wissenschaftlichen Begründung und dem intellektuellen Verständnis des Aufbaus der *Formel-Worte*: dass sie nämlich genauso strukturiert sind wie das *Unbewusste* selbst. Im *Unbewussten* können alle Vorstellungen zusammen keinen durch irgendeine bewusste Konstruktion herzustellenden Sinn ergeben. Oben also nochmals das Bild der Kreisschreibung und hier unten das Bild der Schreibweise in topologischer Verdrehung.

Abb. 3 In der nebenstehenden Abbildung ist ein *Formel-Wort* auf ein Möbiusband geschrieben. Dieses Band stellt die Knoten-Topologie des *Unbewussten* noch besser dar als die reine Kreisschreibung, indem es nur eine Fläche und nur einen Rand und doch ständig Vor-und Rückseite hat. So kann man sich vorstellen, wie entsprechend den verschiedenen Schnittstellen die Buchstaben auf die andere Seite wechseln können, obwohl es sich im Sinne einer einheitlichen Formulierung nur um eine Fläche handelt, auf der die Bedeutungen geschrieben sind. Damit ist das Wesen

des Seelischen nicht nur in imaginärer und symbolischer, sondern auch in realer Ordnung erfasst.

Genauso wichtig ist es also auch, sich Vorstellungen zur ‚topologischen‘, zur Wort-Bild-Wirkenden und ‚typografischen‘ Struktur zu machen. Diese Verknotung ist es ja, die sich im Unbewussten, im Gehirn, im Hyperraum oder wie man es auch immer nennen will, abspielt. Die Abb. 3 zeigt daher ein *Formel-Wort* auf ein um 180 Grad gedrehtes und dann so zusammengeklebtes Band (Möbiusband) geschrieben. Schon allein durch diese Ansicht wird einem verständlich, dass ein Kreisenlassen dieser Struktur im Kopf irgendwann ein ebensolches Bild-Wort herausspringen lassen wird. Dieses Bild-Wort stellt also in Analogie und Korrelation zum *Formel-Wort* ein *Pass-Wort* dar.[19]

Beide beinhalten die Einheit des *Strahlt/Spricht*, die Formel-Worte nur als rein F o r m a l e s, die *Pass-Worte* als endgültig Deutendes, W a h r e s. Wenn wir uns auf das intellektuelle Verständnis dieser *Formel-Worte*, die am Rande des Sprachlichen stehen, stützen, so deswegen, weil wir heute in einer Zeit leben, in der

---

[19] Ich nehme in dieser Broschüre nur wenig Bezug zur Topologie Lacans. Hier betone ich wiederholt die wichtige Praxis, während ich die Theorie des Verfahrens in zahlreichen anderen Büchern (jeweils von einem anderen Aspekt her) dargestellt habe.

wir mehr mit Intellekt und Wissenschaft vertraut sind, als mit dem Ur-Glauben früherer Zeiten. Damals gehorchten wir einem heute meist nicht mehr ideal passenden, z. B. von einem als Gott bezeichneten, Wesen gegebenen Sinn. Ich habe in einer umfangreichen Veröffentlichung darauf hingewiesen, dass die Religionsstifter sich wahrscheinlich sogar ähnlicher Meditationen wie der hier mittels der *Formel-Worte* dargestellten bedient haben. Sie haben diese nur nicht wissenschaftlich erklärt und verwendet und konnten sie daher nicht so ausdrücken. Auch die Psychoanalytiker haben die Struktur des Unbewussten nicht exakt so gesehen.

Abb. 4 Topologie des Torus unten — und verschiedene endogene Bildmuster rechts (aus Eichmeier, Höfer, Endogene Bildmuster, U&S 1974)

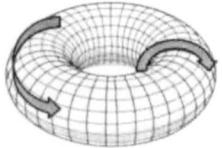

Sie haben sich bei den Wortassoziationen aufgehalten und nicht die Möglichkeit einer gleichzeitigen rein „kristallinen", bildhaften Struktur im Unbewussten herausgehoben. Für die „körperlich und psychisch kranke Seele" ist dieser bildhafte, „kristalline" Aspekt aber genauso wichtig wie der worthafte, symbolische.[20]

Nochmals also: Auch beim *Formel-Wort* ist die bildhafte Struktur der Buchstabenreihe ebenfalls so bedeutend, wie die worthafte Struktur, die durch die darin enthaltenen Bedeutungen gegeben ist. Man kann die bildhafte Struktur auch durch andere Topologien wie die in Abb. 4 gezeigte darstellen. Z. B. können auch sogenannte „endogene Bildmuster", wie sie Elektroniker und Ärzte früher gezeigt haben,[21] und die eine Hilfsbrücke bildlicher Art für das eigentliche „Subjekt-Bild" des *Strahlt* darstellen (siehe Abb. 4). Diese Abbildung zeigt endogene Bildmuster in Form sogenannter Phosphene, die durch Gehirnreizungen hervorgerufen worden sind.

Die Phosphene gleichen wiederum sehr topologischen Figuren, auch wenn sie viel einfachere optische Muster

---

[20] Lacan hat in mehreren Seminaren anhand topologischer Figuren wie des Möbiusbandes oder der Boyschen Fläche herausgestellt, wie die Kräfte im Psychischen bzw. im Gehirn kreisen, wobei sie immer schon den *Strahlt / Spricht* – Charakter haben.
[21] Eichmeier, J., Höfer, O., Endogene Bildmuster, U&S – Verlag (1974)

sind. Sie sind offensichtlich in der Region zwischen Gehirn und Psyche auch durch andere Methoden hervorzulocken. Damit soll lediglich gezeigt werden, dass es nicht nur auf kunstvolle Topologie ankommt. Alles, was einfache optische Dynamik darstellt, ob aus Kunst, Wissenschaft oder Mathematik, vermittelt relativ gut, worum es bei der bildlichen Form des *Strahlt* geht. Diese ist jedoch als solche eine rein subjektbezogene Erfahrung. Während am Torus die Dynamik zweier Linien, zweierlei Strebungen zu sehen ist, sind es bei den endogenen Bildmustern kleine, kompakte, meist kreisartige Gebilde spontaner Art.

Der Torus spiegelt geometrisch (topologisch), die Bildmuster dagegen mehr phosphenisch die Psychodynamik wider. Das Unbewusste wird hier – bei diesem rein Bildhaften – jedoch nicht so sehr herausgefordert, das herauszugeben, was ich weiter oben eine „gedankliche Erfahrung" aus dem Unbewussten bzw. ein *Pass-Wort* genannt habe. Daher jetzt nochmals eine ausführlichere Beschäftigung mit der zweiten Übung, die für die reife und möglichst vollständige Selbstsublimierung genauso wichtig ist wie die erste Übung. Für die Selbsterkenntnis (Selbstanalyse) ist sie noch wichtiger.

6. Die zweite Übung und das Wesen der Pass-Worte

Die These der Musiktheoretiker vom monadischen Ton, vom absoluten Gehör oder eben von diesem grundlegenden ‚Es Verlautet' (*Spricht*), taufte der Wissenschaftsjournalist S. Schramm zutreffend den „Klang des Nichts".[22] Dieser Autor berichtete über Experimente eines Akustik-Technikers, in dessen absolut schalldichten und auch schallschluckenden Raum man schon nach kurzer Zeit alle möglichen Töne und Laute wahrnimmt oder zu hören vermeint, ohne dass wirklich etwas geschieht. Auch ohne derartige Raffinessen führt lang andauernde Stille – wie ich erwähnt habe – zur Wahrnehmung innerer Laute, weil es einen grundsätzlichen Trieb zur Entäußerung gibt, der schon im Tierreich vorkommt, beim Menschen aber in Form des Invokations- bzw. Sprechtriebs ständig wirksam ist.

Genau darauf sollte man sich in der zweiten Übung konzentrieren, das ich zwar das *Es Spricht* nenne, das jedoch anfänglich noch oft wie ein Ton klingen kann oder gar – wie Lacan es nennt – wie das ‚universale Gemurmel' lautet, also ein Raunen und Verlauten, nicht gleich perfekt sprachlicher Art. Man nähert sich

---

[22] Schramm, S., Der Klang des Nichts, SZ vom 7. 11. 2016, S. R7

bei dieser Übung ja wieder vom Primärprozess, Primärvorgang des Triebes her, und hier klingt der *Sprechtrieb* nicht gleich wie eine fertige Rezitation. Wohl ist schon hörbar, dass sich dieser ‚Laut' insistiert, er hört nicht auf zu tönen, zu klingen, zu ‚wimmern'.[23] Erst nach einiger Zeit des Übens wird es sich auch um die oben schon erwähnten „ultrareduzierten Phrasen" handeln, um Laute, die bereits sprachlich unbewusst in uns artikuliert sind und zum Entäußern drängen.

Es handelt sich bei dieser zweiten Übung auch nicht um ein krankhaftes ‚Stimmenhören', auch wenn der Begriff der ‚Stimme' aus Anschaulichkeitsgründen gar nicht so schlecht wäre, um zu beschreiben, wie die Phrasen, die Kurzsätze, sich vernehmen lassen. ‚Stimmenhören' ist nicht unbedingt etwas Pathologisches,[24] und fast jeder Mensch hat schon Erfahrungen in dieser

---

[23] Lacan, J., Seminar II, Walter (1980) S. 327, wo Lacan vom „Grundrhythmus eines ersten Wimmerns und seines Nachlassens" beim Kleinkind spricht, das direkt aus dem Realen (Bild-Wort-Wirkendem) kommt. In der *Analytischen Psychokatharsis* hat es etwas mit einer Regression in diese frühe Kindheit zu tun, die ja wichtig für die Öffnung des Unbewussten ist. Dieses Wimmern ist noch nicht Anruf, Anspruch des Kindes an den *Anderen*, an die Mutter zum Beispiel, sondern unmittelbares Reales.

[24] Stratenwerth, I., Stimmen hören, Botschaften aus der inneren Welt, Piper (1999)

Richtung gemacht, nämlich einen Gedanken als hörbar, stimmbezogen, wahrgenommen zu haben. Zwar ist es von pathologischer Seite her immer wieder erstaunlich, welche Macht eine innere ‚Stimme' haben kann, aber das gebündelte Stimm-Phänomen, das *Spricht*, erklärt auch, warum Dichter sich zu den höchsten Poetismen aufschwingen und politische Ideologien oder religiöse Indoktrinationen Erfolg haben können: Alle nutzen es aus, wenn das *Spricht* noch wie eine Lücke offen klafft bzw. zum Entäußern drängt, aber noch von viel vorbewussten, schon vorgebahnten Gedanken beherrscht wird.

Und so stützt man sich in der *Analytischen Psychokatharsis* auf „die Stimme der Wissenschaft" (Psychoanalyse), zweitens auf die der *Formel-Worte* und schließlich auf die deutende Stimme der *Pass-Worte* (evtl. unter Zuhilfenahme rationaler Interpretationen oder der Psychoanalyse), und so kommt das gleiche Phänomen zustande, nur dass die Bündelung der ‚Stimme' hier ganz besonders wissenschaftlich gesichert ist. Nach Lacan handelt es sich um die „Stimme des (psychischen) Objekts", indem das psychische ‚Objekt' bereits eine Vorform der Bündelung seelischer Energien ist. An anderer Stelle sagt er auch, dass sich das Subjekt im „Gebot der Stimme" vollendet, im

Strahlt /*Spricht* des psychischen Stärkungs- und Festigungsvorgangs also.

Doch egal, ob man vom ‚Ton‘, ‚Gemurmel‘ oder ‚Stimme‘ sprechen will. Gerade um keine Verwirrung aufkommen zu lassen, habe ich dies alles unter dem Begriff des *Es Spricht* zusammengefasst. Es ist nur notwendig zu wissen, dass man sich bei dieser zweiten Übung wie beim *Es Strahlt* anfänglich auf etwas konzentrieren muss, das im weitesten Sinne den Charakter dieses *Es Spricht* hat, egal wie es auch anfänglich klingen mag. Dieses *Spricht* kann als ein körperbezogenes stimmliches, Echo bezeichnet werden.[25] Man kann es mit der echoartigen Rückwirkung erklären (deswegen erklingt es auch als vom zentralen oder rechten Teil des Gehirns herkommend). Es hat aber auch etwas mit einer signifikanten Orientierung zu tun, die sich im Sprachgebrauch durch die Verwandtschaft von „recht“, „rechts“, „richtig“ ausdrückt, oder mit einer universellen Rechts-Chiralität (Händigkeit) zu tun hat.

Kurz noch einmal: Man konzentriert sich in dieser *zweiten Übung* also auf etwas in einem, das einen

---

[25] Lacan, J., Seminar XXIII, Lacan-Archiv, Seite 10: „Weil der Körper einige Öffnungen hat, deren wichtigste, weil es nicht verstopft, geschlossen werden kann, das Ohr ist, antwortet im Körper das, was ich eine Stimme genannt habe.“

konzentriert, d. h. zusammenzieht, auf etwas Ureigenstes von einem selbst, auf diese primäre Verlautung, auf einen Laut oder Ton in einem selbst, auf das *Spricht*. Dieses wird erst im Verlauf der Übungen zu einem wirklichen, fast stimmlichen und Gedanken ausdrückenden *Spricht* der *Pass-Worte* werden. Diese enthüllenden, mahnenden, oft leise raunenden Phrasen erscheinen wie das Echo eigener, unbewusster Gedanken. Der Zusammenhang mit dem bewussten Denken ist meist noch ein wenig wahrzunehmen. Wie Freud kann man also von „unbewussten Gedanken" sprechen, die etwas *Urverdrängtes* (ich erwähne diesen Ausdruck hier, weil er ebenfalls in Parallelität zu dem von mir genannten Begriff der Ur-*Übertragung* steht) enthalten.

Ich werde gleich ein weiteres, konkretes Beispiel für diese Übung geben. Auch wenn man bei dieser 2. Übung nicht direkt und gleichzeitig die *Formel-Worte* übt, so wirken diese aus der 1. Übung noch in der so wichtigen *Katharsis* nach und steuern daher ebenso diese „linguistische" Seite (*Spricht*) des genannten „Kristalls" (*Strahlt*). Auch diese Übung könnte etwa 10–20 Minuten dauern. Für beide Übungen zusammen genügen also etwa 20–40 Minuten, und ihr Ziel ist, dass sie sich kombinieren in einer eigenen Erfahrung des *Unbewussten*. Diese wird in der Befreiung durch die *Katharsis* wie auch im *analytischen* Verständnis durch die angekündigten *Pass-Worte* bestehen.

Hier also ein zweites Beispiel für die *Pass-Worte,* das zudem ganz humorvoll klingt: Jemand, der diesem Verfahren der *Analytischen Psychokatharsis* sehr kritisch gegenüberstand, es aber dennoch schon einige Zeit übte, hatte plötzlich den wie von ferne herkommenden Gedanken oder die Eingebung oder meinte gar, es fast gehört zu haben: „Nichts gesagt!" Doch im selben Moment realisierte er natürlich, dass gerade sehr wohl etwas gesagt worden war, nämlich die zwei Worte „Nichts gesagt!" Aber nicht nur dies erstaunte und überzeugte ihn, dass die *analytisch psychokathartische* Methode doch funktioniert, er verstand jetzt auch, wie das *Unbewusste* konstruiert ist: nämlich oft durch Gegenbesetzungen, durch ein „Andersherum" zum Bewussten. Denn bewusst war er ja der Meinung gewesen, dass dieses psychotherapeutische Verfahren eigentlich „nichts sagt". Es ist Humbug, Nonsens (Ausdruck einer negativen *Übertragung*).

Das Unbewusste aber schob ihm im selben Moment eine kleine Offenbarung, eine echte Deutung zu. Es interpretierte ihm nämlich, dass er einen Widerstand hatte, einen klassischen psycho*analytischen* Widerstand, dass das Unbewusste tatsächlich etwas

„Wahres" sagt, weil es wie ein Wort des *Anderen* ist, in und außerhalb von uns. Denn obwohl ihm schon klar war, dass es etwas von ihm, in seinem eigenen Inneren war, hatte er doch auch das Gefühl, als habe es ihm ein Lehrer, ein Deuter gegenbesetzend, eingegeben. Die Gegenbesetzung besteht genau dsrfin, was Freud das *Urverdrängte* nannte, etwas, an das man mittels der klassischen Psychoanalyse nicht herankommt und dessen Parallelität zur *Urübertragung* in der *Analytischen Psychokatharsis* ich schon herausgestellt habe.

Hätte der Übende in diesem Beispiel bei sich selbst den bewussten Gedanken gehabt: Ach, vielleicht ist doch etwas an diesem Verfahren dran, wäre er niemals zu so einer intensiven Überzeugung gelangt, dass er mit dieser Methode weiterarbeiten kann. Diese Erfahrung des „Nichts-Gesagt" und der begleitenden Erhellung der dahinersteckenden Bedeutung sowie der mitschwingenden *Katharsis* hat nichts mit Mystik zu tun. Es ist das *Unbewusste*, das wie eine „ultrareduzierte Phrase" *Spricht* und auch in einem gewissen Maße *Strahlt*, denn das „Nichts-Gesagt" ist eine so kurze, fast bildhafte Formel, ein Blitz, der eben auch ein leichtes *kathartisches* Gefühl erzeugt hat, ein *Strahlt*, und das ihm bewusst machte, was die menschliche Seele eigentlich ist: ein Schatz im Unbewussten, der sprachlich vorgeformt ist, der *Spricht*.

Hier (nächste Seite) in Abb. 5 ein kleines Schema, das
die Unterschiede und Gemeinsamkeiten der genannten
Verfahren deutlich machen soll. Die Verwendung dieses komplexen Wort- und Bildhaften im *Strahlt /
Spricht* verbindet sich mit einer Formel-Formulierung
wie zum Beispiel dem VE-RO-RA-TE oder dem RA-
DIC-IT zu einer idealen Kompaktheit und Festigkeit.
Ja, fast müsste man sagen: Es verknotet, verdichtet,
verdeutlicht sich dazu. Es nimmt nicht nur Bedeutung
an, Deutung, die Sinn vermitteln kann, sondern über-
setzt auch gerade den spiegelnden, bildhaften Teil ins
Worthafte, während sein objekthafter Teil selbst bild-
haft ist.

Abb. 5 Schema der Psychoanalyse, der Meditation und
der daraus entwickelten Aspekte des *Strahlt / Spricht* und
des *Formel-Wortes* als umfassendere Begriffe für die *Analytische Psychokatharsis.*

Psychoanalyse	*Analyt. Psychokatharsis*	Meditation
‚schweb. Aufmerk- samkeit‘	*Es Strahlt*	‚Licht‘-Punkt
Psychotherapeut	*Formel-Wort*	Meditations-Lehrer
Deutung des Analytikers freie Assoziationen des Patienten	*Es Spricht*	Suggestionen Gebete, Mantren

Wenn die erwähnten beiden Übungen etwas Wesentliches vermitteln, geht es nicht nur um Entspannung und *Katharsis*, sondern auch um eine Art von seelisch strukturierter Topologie.[26] Es geht also um eine mathematisch elementare, direkt erfahrbare Struktur, die diesem „Übersetzungs-Objekt" des *Pass-Wortes* zugrunde liegt. Auch das früheste Tasten und auch alle anderen frühesten Wahrnehmungen werden nach der gleichen Art, nämlich rein strukturell, „topologisch" im Psychischen organisiert, gespeichert oder verarbeitet. Es ist die Praxis, die im Vordergrund stehen soll, wenn es um die Behandlung seelischer Störungen geht, die sich körperlich ausdrücken. Eben gerade die Tatsache, dass sie sich körperlich ausdrücken, heißt ja, dass theoretische Überlegungen und auch die meisten Therapien der Seele nicht ausreichend geholfen haben.

Betonen muss ich ebenfalls, dass die *Pass-Worte* auch Aggressives oder — wie es Freud besonders hervorhob — infantil Sexuelles beinhalten können. Auch in der

---

[26] Die Topologie ist die Lehre vom Räumlichen, auch Nicht - Euklidische oder Gummi - Geometrie genannt. Ein Dreieck kann z.B. auch gebogene Linien haben, so dass die Winkelsumme mehr oder weniger als 180 Grad beträgt. Wenn wir uns das Psychische als „topologisch" organisiert denken, ja spüren, heißt dies, dass es durch sehr flexible, dehnbare, Muster, Formen oder Zeichen aufgebaut ist.

Psychoanalyse spielen bekanntlich ‚Phallisches' bis hin zu Perversem und Gewaltfantasien bis hin zu Kannibalischen eine Rolle, doch handelt es sich nicht um Reales, sondern mehr um Imaginäres und Symbolisches, wie es Lacan in seinem sogenannten Dreifach-Knoten (siehe Abbildung nebenan) ausdrückte, in dem ich neben den Begriffen Lacans auch das *Formel-Wort* mit seinem verborgenen Sinn (FW), das *Pass-Wort* mit seinen Enthüllungen (PW) und das Genießen, die ‚Jouissance' des *Anderen,* also die *Katharsis* eingetragen habe (JA). Alles dreht sich um das Symbol des Begehrens, der Trieb- oder Grund-Kräfte, herum (a).[27]

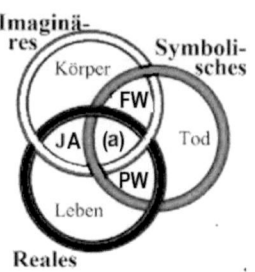

Nochmals ein weiteres Beispiel für die Entstehung und Bedeutung des *Pass-Wortes*. Eine Frau, die schon seit Längerem die Übungen der *Analytischen Psychokatharsis* (mit FW und JA) durchführte, hatte wie aus der Tiefe kommend folgenden Kurzsatz oder Phrase ‚gehört' oder wahrnehmend gedacht (PW): „Eine zugemacht, eine doppelt." Das Ganze klingt wie ein

---

[27] Imaginär und Symbolisch heißt, es muss gesehen (eingesehen) und zur Sprache gebracht werden können, weil die Neurose z. B. insbesondere darin besteht, heimliche Fantasien zu genießen.

mittelalterlicher Spruch. Ihr war sofort klar, dass sie selbst damit gemeint war, ja sie sich das selbst zugedacht hatte, obwohl sie im Alltagsbewussten niemals einen solchen eher seltsamen und fast befremdlichen Gedanken fassen würde. Es fielen ihr viele Gegebenheiten ein, in denen sie sich wie ‚zugemacht' erfahren hatte und auch immer noch erfuhr. Und es hatte etwas mit ihrer Ehe, ihrem Doppeltsein zu tun, wo sie sich ebenfalls wie zugemacht fühlte.

Doch manchmal – speziell in ihren eigenen Fantasien – fühlte sie sich auch doppelt, ja mehrfach: attraktiv und eloquent, temperamentvoll und vielseitig, geistreich und schön. Ich kann hier nicht alle Details ihrer Deutungsarbeit schildern. Ihr wurde nicht nur klar, dass ihr das Einfache und Eigene des Begehrens fehlte (zugemacht war), sondern sie spürte auch, dass ein Gedanke aus dem eigenen Inneren vielmehr wert ist, als alle Zuschreibungen von außen und alle Fantasien von innen her. Wie unsinnig war es, entweder ‚zugemacht' oder ‚doppelt', und nicht man selbst, direkt, einmalig und einfach – auch in seinem Begehren – zu sein, wurde ihr erst auf diese Weise klar.

7. Körperbild und Zusammenfassung

Auch wenn die Praxis einfach ist und die Theorie noch nicht ganz geklärt, versuche ich nochmals eine Zusammenfassung. Ich bin ausgegangen vom Begriff des *Strahlt*, einer Form des unbewussten *Schautriebs*, Scheinens, Oszillierens, das von den meisten Menschen in einer Meditation schnell realisiert wird. Auf diese Wahrnehmung (eines Schleiers, „Durchrieselns") muss man sich zwanglos konzentrieren. Die Formulierung, man solle ein ‚Licht' wahrnehmen, wie es bei vielen Entspannungsverfahren und Meditationen empfohlen wird, ist unglücklich und widersprüchlich. Schließlich handelt es sich ja nicht wirklich um Licht. Hat man dieses *Strahlt* einmal einigermaßen erfasst, muss man nur konstant weiter darauf achten, also die innere Aufmerksamkeit immer wieder konsequent darauf richten, während das langsame, monotone Wiederholen der Formel-Worte diesen Vorgang bis zum Höhepunkt der *Katharsis* verstärkt.

Diese Höhe ist, wie ich stets neu betonen muss, für die Pass-Worte essenziell. Schließlich war sie ja auch bei Freuds Hypnotisierten entscheidend dafür, dass diese Patienten Verdrängtes und Vergessenes blendend wiedererinnerten, auch wenn dies nicht viel nützte, da es im Wachzustand nicht mehr so wie erlebt, erzählt werden konnte. In der *Analytischen Psychokatharsis* aber wird es mitten in der Wiedererinnerung im *Pass-Wort* ausgesprochen, selbst wenn manchmal deutend nachgeholfen werden muss.

Auch die französische Psychoanalytikerin E. Dolto sprach in diesem Zusammenhang stets von dem schon erwähnten „Körperbild" bzw. „Körperbildern". Dabei handelt es sich also um etwas, das sich vom Körper wie dessen eigenes Bild, wie dessen eigenes ‚Strahlen', Spiegeln, Reflektieren, – sozusagen projektiv – abhebt. Man kann dies manchmal auch mehr empfinden, fühlend erfassen, als ‚sehen'. Es geht um das Bild, das man ständig und doch unbewusst vom eigenen Körper eben aufgrund all der Innen- und Außenwahrnehmungen hat, die wie verknotet (topologisch) in einem organisiert sind. Die Abb. 7 zeigt sehr vereinfacht dieses Schema des „Körperbildes" (*Strahlt*). Das Spiegeln, Reflektieren wird von manchen, mehr der Mystik zugetanen Meditationsverfahren wie eine Oszillation von Sternen (auch als ‚astral' bezeichnet und daher so markiert) beschrieben. Wissenschaftlich würde man jedoch eher von Pixeln reden, die durch eine bestimmte Topologie das *Strahlt* des ‚Körperbildes' verdreht, entstellt, aber korrelativ projiziert, präzise wiedergeben.

Abb. 7 Das Körperbild stellt ein sehr vereinfachtes, auf geometrisch- topologische Figuren reduziertes Abbild des eigenen Körpers dar (schraffierte Figur). Von gewissen psychophysischen Mittelpunkten aus gibt es sehr genaue Entsprechungslinien vom Körper zu seinem Bild. F. Dolto 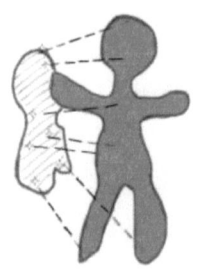 sprach vom basalen, dynamischen und erotischen Körperbild. Hier ist nur ein übergreifendes Schema dargestellt, das sich nur auf das *Strahlt* des Körperbildes als solches bezieht, und das also mehr wie eine Rundstruktur (basal), ein bewegendes Gebilde (dynamisch) oder eine phallische Figur (erotisch) aussehen kann. Als Gesamtes kann es auch als das bereits erwähnte „Durchrieseln" erfahren werden. Aber auch der Begriff des „Schleiers" ist hier treffend, weil A, der/das *Andere*, hinter ihm halbsichtbar zu fassen, zu spüren ist.

In dieser Übungsphase geht es nur darum, etwas vom Charakter des *Strahlt* wahrzunehmen und dabei die *Formel-Worte* mental zu wiederholen, was sich gegenseitig aufschaukelnd verstärkt, bis ein *kathartisch*er, befreiender Moment erreicht ist. Dieser Moment leitet dann besonders gut zur zweiten Übung über. Die *Formel-Worte* wie etwa das V.E.R.O.R.A.T.E werden zusammen mit weiteren Formel-Worten geübt, und zwar eines nach dem anderen und dann wieder mit dem ersten von vorn beginnend. Sie werden beispielsweise und im Fall von nur zwei *Formel-Worten* auch zusammen (d. h. nacheinander) mit dem R.A.D.I.C.I.T, also als R.A.D.I.C.I.T. V.E.R.O.R.A.T.E. R.A.D.I.C. . . . etc. langsam, monoton gedanklich und stets erneut wiederholt. Dadurch, durch die Anwendung mehrerer *Formel-Worte* spitzt sich das Formale noch weiter zu und schreibt sich noch tiefer ins Unbewusste ein.[28]

Sitzt man entspannt da, wird sich diese Entspannung bis hin zu einer *Katharsis* (Loslösung) vertiefen. Im „autogenen Training" spricht man hier von „vegetativer Umschaltung". Das vegetative Nervensystem schaltet vom Spannungszustand (Sympathikus) auf Entspannungszustand (Vagus) bzw. auf einen totalen

---

[28] Der in der Psychoanalyse bekannte Widerstand gegen die Aufdeckung des Verdrängten spiegelt sich allerdings oft auch in einem Widerstand gegen die *Formel-Worte* wider. So hat z. B. einer meiner Schüler immer wieder betont, er müsse bei der genannten Formulierung des „RADICIT" immer an „Radieschen" denken. Bei anderen *Formel-Worten* sind mir ähnliche „Verschiebungen" geboten worden. Ich sage dann immer: Alle Assoziationen sind erlaubt, für das Üben sollen sie jedoch – auch die lateinischen – zurücktreten. Bleibt eine im Vordergrund erhalten, muss man diesen Widerstand eben psycho*analytisch* hinterfragen. Für das „Radieschen" war das nicht schwierig: der betreffende Schüler assoziierte dazu „Lieschen" und „radieren". Letzteres Wort hat im Vulgärsprachlichen auch die Bedeutung von geschlechtlich verkehren. So war sein Widerstand geklärt, er unterschob mir ein missbräuchliches Verfahren.

Ausgleich dieser beiden Nervensysteme um. Die Mystiker sprachen auch vom „schwarzen Licht", weil sich selbst bei geschlossenen Augen etwas vom Dunkel hinter den Augen als schwarze „Farbe" abhebt und ein *kathartisches* Erleben auslöst. Wie schon betont, kann das *Strahlt* in Form des „rieselnden" Körperbildes mehr als ein propriozeptives (inner-eigenes) Spüren wahrgenommen werden. Und dies alles geschieht umso leichter und umso mehr, wenn man dabei langsam die *Formel-Worte* R.A.D.I.C.I.T. V.E.R. O.R.A.T.E monoton gedanklich wiederholt, weil nunmehr beide Vorgänge sich gegenseitig aufschaukeln.

Nunmehr (nach 10–20 min) wird also zur zweiten Übung gewechselt. Bei der zweiten Übung geht es um ein Konzentrieren im Kopf rechts oder oben, auf das *Spricht* (Es Verlautet, Tönt etwas), wobei es zu einer Stabilisierung und Sicherheit kommt. Man hat das Gefühl einer Lotung, vertikalen Sicherung, als könnte man sich entlang dem „Verlauten" darin fallen lassen oder aufsteigen. Manchmal kommt es dann zum Auftauchen eines wie von weit oder tief her kommenden Gedankens, eines *Pass-Wortes*, dem der Bezug zum eigenen Unbewussten meist sofort anzusehen ist. Wechselt man dann wieder zur 1. Übung, kann dieser Vorgang noch vertieft werden, sodass es mit und zwischen dem Wiederholen der *Formel-Worte* und den auftauchenden *Pass-Worten* wie zu einem kurzen Dialog kommen kann.

Das letztliche Ergebnis wird in der Mitte der beiden Übungen liegen oder auch mehr schwerpunktmäßig die eine oder andere Seite betonen. Kommt es mehr zum räumlich-objektartigen Ergebnis der 1. Übung, wird dieses in der *kathartischen* Erfahrung des „Körperbildes" bestehen. Es ist nicht schwer sich vorzustellen, dass im Zustand zunehmender Konzentration die genannten Dolto'schen Körperbilder sich aus ihrer Vielschichtigkeit lösen und sich übereinanderlagernd, sich zusammenwickelnd, vereinheitlichen, was eben den Körperbezug verstärkt und zu den erwähnten atavistischen Reaktionen führen kann. Die zitierten Frühmenschen haben in ihrer noch ganz enormen Naturverbundenheit das basale, dynamische und erotische Körperbild wie einen, weitgehend vereinheitlichten Seelenzustand erfahren, und genau dahin führen im Sinne der Regression alle psychotherapeutischen Methoden.

Deswegen wird man noch lange nicht wieder zu Frühmenschen, sondern wird vorwiegend in der starken, körperhaften Erfahrung des *Strahlt* ein „Durchrieseln", Befreien des Körperbildes erleben, das nicht nur eine deutliche Entspannung mit sich bringt, sondern auch ein „Erhellen" einer inneren objektartigen Struktur, einen Helligkeitspunkt, eine Freude. Ich habe diesbezüglich auch schon vom Wahrnehmen eines „Schleiers" gesprochen. Es handelt sich um den Schleier des *Anderen*, jenes symbolischen *Anderen*, von dem Lacan sagt, er sei das „Schatzhaus der *Signifikanten*", der Knoten, der Nabel der hinter dem Schleier verborgenen Worte. Diese kommen aber erst in der zweiten Übung deutlich zur Wirkung.

Findet nämlich das Übungsvorgehen mehr auf der Seite des *Spricht*, also verstärkt durch die zweite Übung mittels der Konzentration auf den Ton statt, wird sich ausgeprägter der zeitlich-deutungsartige Charakter als Ergebnis der Übungen in den Vordergrund stellen, also ein ‚*strahlt / Spricht*' (zum Unterscheiden klein / groß geschrieben). Hier kommt es zu dem, was Freud im Traum „Schlüsselsätze" nannte, d. h. prägnante, knappe Formulierungen, die sofort eine klare Bedeutung haben und nicht mehr groß gedeutet werden müssen. Den „inneren Satz" oder die „ultrareduzierten Phrasen" Lacans habe ich schon erwähnt, sie sind tatsächlich fast wie ein ganzer Satz erfahrbar, hörbar, gedanklich erfassbar. Es ist dann so, als ob ein kurzer Gedanke wie von weit her, wie aus der tiefsten Tiefe auftauchend, fast hörbar, eben wirklich „verlautend", einen Schlüssel aus dem eigenen *Unbewussten* liefert. Genauso wie das eigentlich *analytische*

Vorgehen enthüllend, aber noch direkter, objekthafter, zustande kommend (als „Stimme des Objekts"), nenne ich dies eben eine perfekte „*Übersetzung*" aus dem Unbewussten, ein Identitätswort, ein *Pass-Wort*.

Dazu noch ein weiteres Beispiel, bei dem es wieder um jemanden geht, der mit dem Verfahren der *Analytischen Psychokatharsis* schon längere Zeit geübt hatte. Er war an religiösen Fragen sehr interessiert, obwohl er keinerlei Glauben oder Konfession anhing. Während er also wieder einmal eine halbe Stunde mit dem Üben beschäftigt war und dies gerade beenden wollte, nahm er einen Gedanken wie tief in ihm aufsteigend und fast hörbar (so seine Schilderung) wahr: „Lasst uns das vierte Buch stehlen!" Ihm und auch mir – da ich sein religiöses Interesse kannte – war rasch klar, dass es um ein religiöses Buch gehen musste. Es handelte sich höchstwahrscheinlich um das Buch, das nach dem Alten und Neuen Testament sowie dem Koran ein weiteres Buch des Monotheismus sein sollte. Es ist so typisch für das *Unbewusste*, dass es nicht gelautet hatte: „Lasst uns das vierte Buch schreiben"! Das wäre der typische Wunsch des engagierten Orthodoxen, des voll überfrommer Wünsche steckenden Rechtgläubigen gewesen. Denn so jemandem genügen die drei großen Glaubensbücher weiterhin nicht. Nein, hier spricht das *Unbewusste* mit seiner charakteristischen

Gegenbesetzung, seiner fast etwas orakelhaften Art.
Dieses vierte Buch gibt es nicht und man kann es auch
nicht schreiben. Man kann es tatsächlich nur stehlen!
Und man kann es nur in sich selbst stehlen.

Denn es wirkt wie ein Diebstahl, wenn man es sich wie
verhohlen aus der eigenen Tiefe emporholt. Man kann
sich dabei nur selbst bestehlen. Selbstverständlich ist
ja wieder der Betreffende selbst gemeint. Der so am
Religiösen Interessierte muss sich hier also belehren
lassen, dass keines all dieser Glaubensbücher ihm
wirklich etwas über die Religion enthüllen wird. Sie
können einen anregen, sich mit der religiösen Frage zu
beschäftigen. Aber sie werden nicht zu dem führen, zu
dem diejenigen damals geführt worden sind, die diese
Bücher letztlich geschrieben haben (oder in dessen Na-
men sie geschrieben wurden). Über die ausgestorbene
Fähigkeit zu Offenbarungen habe ich mich woanders
schon geäußert.[29] Mein Proband hat sich ja auch deswegen der *Analytischen Psychokatharsis* zugewandt,
weil er weitere und eben andere Zugänge als Bücher,
Katechismen oder Predigten zum Seelischen, Religiösen, Geistigen oder wie man es immer nennen mag, ge-
sucht hat. Und Gott sei Dank erhält er die Information:
Um dem Sakralen näher zu kommen, musst du ein

---

[29] Hummel, v. G., Signifikant Gott?, BoD (2010)

Sakrileg begehen, du musst stehlen, bei dir selbst (ek me auton, aus mir selbst heraus, wie Heraklit es sagte).

Du kannst – so die weitere Deutung – die Wahrheit nur auf den Wegen finden, auf denen man sie auch früher philosophisch schon gefunden hat, nämlich durch These und Antithese, also durch eine gewisse Paradoxie hindurch. Das *Unbewusste* sagt nicht (und auch ein offenbarender Gott würde es heute nicht mehr sagen): „Lies die großen Glaubensbücher"! Nein, du musst dein eigenes Ich wegstehlen, dein Bewusstes, dein Ideal-Ich und Ich-Ideal, deine Allwissenheit und deinen Glauben an Konfessionen. Nur Es (oder das ‚Es-Du') sagt die Wahrheit. Lass alle diese pseudowissenschaftlichen oder sonstigen mythischen Äußerungen, die in der Welt zirkulieren. Die Wahrheit ist in dir selbst und du musst sie dort und nur dort finden, und weil alle sagen, dass so etwas nicht geht, musst du sie eben in dir selbst stehlen, aus dir selbst gegen den eigenen Widerstand herausholen. Es ist Analyse, aber auch *Katharsis*. „Lasst uns das vierte Buch stehlen" hatte eine sehr befreiende, *kathartische* Wirkung für den Betreffenden.

Ich betone nochmals: Es ist etwas ganz anderes, als wenn der Übende beim zweiten Beispiel eines Tages zur bewussten Überzeugung gekommen wäre, er sollte über Religion etwas Neues schreiben oder lesen. Er wäre durch diese äußere Logik nur sehr schwach überzeugt gewesen. Aber als dies wie tief von innen heraus, wie fremd aus dem eigenen Inneren, ja genau wie die „Stimme des Objekts", um das es hier geht, ihm zukommt, ist die Überzeugung eine andere. Plötzlich war aus dem „universalen Gemurmel" heraus (den Lauten, Klängen, Raunen, Verlauten etc.) exakt jene *Andersheit* des Unbewussten selbst wie hörbar zu Wort gekommen.

Der/Das *Andere* selbst (innen und außen) hat gesprochen. Er/Es hat aus seinem „Schleier" herausgerufen. Das erzeugt in erster Linie eine „schlüsselartige" Erkenntnis (*Analytische*) und auch noch etwas *Psychokatharsis* (Befreiung, Reinigung). Dabei hat diese Erfahrung des „Vierten-Buch-Stehlens" und der Erhellung der dahintersteckenden Bedeutung wiederum nichts mit Mystik zu tun. Es ist das *Unbewusste*, das wie eine „ultrareduzierte Phrase" *Spricht* und auch in einem gewissen Maße *Strahlt*, denn das mit dem „Vierten-Buch-Stehlen" ist – wie bei meinem ersten Beispiel – eine kurze, fast bildhafte Formel, die auch ein *kathartisches* Gefühl erzeugt hat.

Dass diese „inneren Sätze", diese *Pass-Worte* so knapp, „ultrareduziert" und präzise sind, hat natürlich mit der gleichen Knappheit und Präzision der *Formel-Worte* zu tun. Das *Unbewusste* wird durch so eine kompakte, in sich vielschichtige Formulierung (die übrigens auch „nichts sagt" oder deren Sinn man sich „stehlen muss") wie es die *Formel-Worte* sind zu einer ebensolchen Formulierung angeregt. Nun habe ich gesagt, dass diese zeitlich knapp skandierten, übersetzungsbezogenen *Pass-Worte* mehr auf die Seite des *Spricht* gehören, die *Katharsis* mit ihrer mehr raumausweitenden Befreiung auf die des *Strahlt*. Natürlich sind die meisten Ergebnisse – und so war es ja auch bei den hier erwähnten Beispielen – eine Kombination von beiden. *Formel-* und *Pass-Worte* haben ihre Wirkung in der Mehrfachbedeutung (mehr als drei sind für das Unbewusste notwendig, damit es anfängt, sich zu bewegen, zu kreisen, sich zu öffnen) einer einzigen Formulierung.

Ist die Kombination wirklich ideal, d. h., dass *Pass-Wort* und *Katharsis* zugleich auftreten, kann man auch sicher sein, dass das *Pass-Wort* zutreffend ist. Denn im Zustand der *kathartischen* Umschaltung verhält es sich wie bei der Umschaltung des Einschlafens und Aufwachens und wie bei der zutreffenden Deutung in der Analyse. Hier bestätigt ein affektiver Höhepunkt das Zutreffende, das ‚Objektive', und umgekehrt bewirkt das Zutreffende einen Höhepunkt (so wie die Wach-

Schlaf-Schaltung verlässlich funktioniert). Man muss also keine Angst haben, dass das eigene Ich verloren geht, wenn die *Pass-Worte* seltsam klingen. Aber auch wenn die Koinzidenz von *Katharsis* und *Pass-Wort* nicht so synchron verläuft, sind die *Pass-Worte* – wie ja demonstriert – durch *analytisches* Nachdenken und Nachfragen zu klären. Hier kann dann eben im Extremfall auch mal eine Besprechung beim Therapeuten oder einem erfahrenen Anwender der *Analytischen Psychokatharsis* wichtig sein.

Ich denke aber, dass jetzt zur Genüge klar geworden ist, wie die *Analytische Psychokatharsis* funktioniert, und man auch aus dieser Broschüre heraus die Methode erlernen und therapeutisch nützen kann. Vielleicht muss noch manches zum theoretischen Verständnis ergänzt werden, aber die praktische Seite der Übungen ist einfach zu handhaben und wird auch durch mehrmalige Anwendungen, sozusagen durch ‚learning by doing‘, stets besser gelingen. Auch in der Psychoanalyse muss der Patient die Hauptarbeit selbst machen. Der Therapeut unterstützt ihn in erster Linie durch das umfangreiche Zuhören, nur durch gelegentliche Interpretationen.

Wenn man sich weitergehend über Psychoanalyse und Meditation beliest, wird man auch in der Lage sein, die

Pass-Worte ausreichend gut zu deuten. Wie gesagt verraten sie ihren Sinn meistens spontan, da sie etwas dem Betreffenden Vertrautes, Naheliegendes oder Persönliches enthalten. Nun kann man freilich die *Pass-Worte* manchmal so deuten, dass sie einem nicht wehtun, nichts zu Krasses offenbaren. Obwohl meistens der Sinn dieser Identitätsworte auch eine unangenehme Wahrheit nahelegt, will man sie nicht so genau wissen. Aus diesem Grund ist eben auch kritisches Nachdenken wichtig, und kann evtl. doch auch einmal ein Therapeut, den man gelegentlich aufsuchen kann, durchaus hilfreich sein.

8. Psychosomatik und ein weiteres *Formel-Wort*

Der Schwerpunkt der Psychoanalyse liegt auf der Behandlung von Neurosen (Zwangsneurose und Hysterie). Speziell dafür sind präzise Deutungen, wie gerade bei den *Pass-Worten* diskutiert, notwendig. Die *Analytische Psychokatharsis* dient aber zudem der Behandlung komplexer Persönlichkeitsstörungen und Angstneurosen sowie auch der puren Selbsterfahrung und Selbsterkenntnis. Eine weitere Besonderheit ist jedoch die Therapie von Somatisierungsstörungen bzw. psychosomatischen Erkrankungen. Diesbezüglich ist nämlich der körpernahe Zugang, die Einbeziehung der Körperbilder in den therapeutischen Prozess hilfreich. Ich habe schon eingangs darauf hingewiesen, dass jemand mit Migräne oder den üblichen Muskel-Gelenk-Beschwerden ohne ausgeprägten organischen Hintergrund nicht bevorzugt zur Arzneimittelchemie greifen wird, die mit Nebenwirkungen belastet ist.

Darüber hinaus ist vorgesehen, dass die *Analytische Psychokatharsis* nicht eine Spezialität von akademisch ausgebildeten Fachleuten sein soll. Es war auch Freuds Vision gewesen, mit der Psychoanalyse eine Wissenschaft für jedermann aufzubauen. Dies drückt er vor allem in seinem Artikel über die „Laienanalyse" aus. So, als eine Wissenschaft auch für Laien, könnte man auch die *Analytische Psychokatharsis* verstehen. Jeder mitarbeitende Laie könnte z. B. anderen beim Verständnis der Übungen helfen, er könnte bessere *Formel-Worte* finden oder andere Faktoren herausarbeiten, die die Erfahrung des *Strahlt* erleichtern, denn natürlich gelingt dies nicht immer so leicht, wenn man es – wie ich hier vorschlage – einfach aus dieser Broschüre heraus versuchen soll.

Das gleiche gilt für das *Spricht*. Manche Personen verstehen auf Anhieb einen Satz, den sie „hören" oder besser: wie direkt erfahren. Andere dagegen verstehen dessen Bedeutung nicht so ganz, obwohl sie spüren, dass er ihnen etwas sagt und wichtig ist. Hier könnte man psycho*analytische* Ansätze heranziehen, wie sie reichlich insbesondere bei Lacan zu finden sind, und sie für sich selbst und andere zur Strukturierung des Verfahrens verwenden. Vereinfacht gesagt ist die *Analytische Psychokatharsis* nichts anderes als eine Umlenkung des Denkens in Bahnen, die enthüllender und einfach relevanter sind als die, die ich eben gerne als ‚alltäglich', banal, nur zerstreuend und unterhaltsam bezeichne.

Wir leiden an einem zu sehr veräußerlichten, banalen Leben. Viele unserer psychosomatischen Symptome könnte man gut auch so erklären, dass wir kein erfülltes Leben führen. Aber ist dann nicht eine Methode, die uns zwingt, dass wir uns mit uns selbst beschäftigen, andererseits uns dabei jedoch auch ein sehr differenziertes, vielschichtiges, gedanklich auch manchmal anspruchsvolles Niveau zuweist, nicht ein ideales Verfahren? Ein Verfahren, um nicht nur die Symptome abzustellen und zu verstehen, sondern auch aus einer allgemeinen Banalität herauszukommen. Das Verfahren muss nicht nur praktisch geübt, sondern auch theoretisch verstanden werden, und das heißt, dass man sich vielleicht auch generell über die damit im Zusammenhang stehenden Bereiche belesen muss oder soll.

Ich will noch kurz zur Psychosomatik Stellung nehmen, also zu dem speziell körperlichen Kranksein der Seele. Klassisch gilt die Konversion bzw. Dissoziation als Verschiebung bzw. Abspaltung seelischer Inhalte in Richtung des Körpers (neurologisch gesehen werden diese Verschiebungen vom Frontalhirn auf untere Hirnregionen verstanden). Jedoch hat schon Freud darauf hingewiesen, dass auch von der körperlichen Seite selbst diesem Vorgang etwas entgegenkommt, eine Schwäche zum Beispiel. In diesem Sinne hat der Arzt Pischinger im letzten Jahrhundert die Theorie der „Grundregulation" aufgestellt, indem er als das wichtigste Organ zur Energieausbreitung im Körper und zur

Soma/Seele Kombination bestimmte Strukturen des Bindegewebes erklärte.[30] Man sprach auch vom Pischinger'schen Raum, der heute durch die nachgewiesenen Signalinduktionen zwischen den Zellen neue Bestätigung bekommt.

Doch ob diese „Grundregulation" nun wirklich so funktioniert oder nicht, wie Pischinger postulierte, zur Psychosomatik lassen sich nur schwer wissenschaftlich bewiesene Wirkungen durch ein psychotherapeutisches Verfahren exakt nachweisen. Doch dass es eine Wirkung gibt, zeigt sich bereits am Placebo-Phänomen. Noch viel mehr wird dies durch die ‚vegetative Umschaltung' verdeutlicht, die Impulse in alle Organe hin aussendet. Wenn man damit sehr tief ins *Unbewusste* eindringt, landet man nicht nur bei den *Pass-Worten*, sondern auch bei dieser ‚Umschaltung', die Konversion oder Verschiebung rückgängig machen kann.

Die Übungen der *Analytischen Psychokatharsis* ordnen sich nicht nur nach ihren b(r)uchstabenartigen Elementen, sondern auch nach phonematisch-phonologischen Aspekten. Diesbezüglich habe ich persönlich und durch die Schilderungen anderer Anwender

---

[30] Pischinger, A., Das System der Grundregulation, Haug-Verlag (1990)

Erfahrungen gesammelt. Ich kann bezeugen, dass beim Üben mit bestimmten *Formel-Worten*, die sehr viel dunkle ‚r‘ und ‚a‘ oder ‚u‘-Laute enthielten, Veränderungen im Körper, meist in der Mittelbauchregion, verspürt werden können. Das ist eine reine Erfahrungstatsache, die vielleicht auf Verbindungen zur Musik hinweist, auch wenn nichts bewiesen ist.

Ich kann diesbezüglich nur auf noch ausstehende Forschungen und auf den ‚kreativen Aspekt‘ des Unbewussten hinweisen, den der Psychoanalytiker S. Leikert besonders hervorgehoben hat. Er legt den Schwerpunkt auf das „rhythmisch Kreative" und nicht so sehr auf das „lexikalisch Sprachliche", wie es bei Freud und Lacan zu sehen ist.[31] Die Musik, insbesondere der absolute ‚Klang‘ hat etwas Monadisches an sich, wie Leikert sagt. Man kann diesen ‚Klang‘ nicht fixieren, nicht festhalten, und so dient die Musik nicht dem Erkennen der Wahrheit, sondern ihrem Vollzug und Genießen. Genau dies könnte so eine Übergangsstelle von der Psyche auf den Körper sein, so ein Knoten, so ein Transitionsgebilde zwischen Seelischem und Materiellem, das in der Anwendung der *Analytischen*

---

[31] Leikert, S., Das kinästhetische Unbewusste, Sonderheft PSYCHE, Sept./Okt. 2013

Psychokatharsis nun in Form des Nach-Innen-Hörens auf den Ton kreativ genutzt wird.

Zudem wird jeder, der damit übt, auch bemerken, dass das intensive, monotone Wiederholen der Formel-Worte auch an diesem Klang-Phänomen teilhat, indem spürbar ist, wie alle anderen sprachlich gefassten Gedanken und auch störende Erinnerungsbilder damit weggeschoben werden. Aber sie werden nicht im Sinne der Verdrängung krankhaft beseitigt. Alles, was verschoben wird, kommt – wie Freud argumentierte – verdichtet, und das heißt als *Pass-Wort* mit neuer Aussage und neuem Inhalt wieder heraus.

Mehr will ich in dieser Broschüre zur definitiven Psychosomatik nicht sagen. Höchstens einen Hinweis hinsichtlich Freuds ‚somatischem Entgegenkommen' will ich noch anfügen. Denn freilich kann man auch von dieser Seite her die körperlich kranke Seele behandeln. Wenn die Schwäche gewisser Organe schon vorgegeben ist, kann es natürlich sinnvoll sein, durch gesunde Ernährung, körperliche Bewegung und Schlaf die körperliche Seite zu stärken. In der Abbildung 1 habe ich verschiedene Sublimierungsmöglichkeiten erwähnt, und zwar auf die Priorität der *Analytischen Psychokatharsis* hingewiesen, was jedoch nicht ausschließt, dass man sich zusätzlich auch mit anderen Verfahren beschäftigen kann.

Ergänzend zur Anwendung der *Analytischen Psychokatharsis* beschreibe ich hier – und zeige es auch in der Abbildung rechts – ein weiteres *Formel-Wort*, denn mit dreien sollte man anfangen. Man schließt dann beim gedanklichen Wiederholen der *Formel-Worte* eins nach dem anderen an und beginnt nach dem dritten oder vierten wieder von vorne. Nach dem R.A.D.I.C.I.T.V.E.RO.R.A. T.E kann nun auch O.R.S.A.C.E.R. A.M hinzugenommen werden, in dem folgende Bedeutungen stecken: C eram orsa (hundertfach war ich Beginnen, amo R sacer (ich liebe das heilige R), cera morsa (das Wachs gebissen), mors acer (der Tod ist bitter), amor sacer (die Liebe ist heilig) usw. Wie betont, kann man diese Bedeutungen gleich wieder vergessen. Wichtig ist nur zu verstehen, wie die *Formel-Worte* aufgebaut sind, sodass man wissenschaftlich-intellektuell das Verfahren jederzeit hinterfragen kann. Kommen irgendwelche Gefühle oder Ideen hoch, die unpassend sind oder Angst machen, kann man nachdenken oder sich weiter über das Verfahren belesen. Blinder Glaube ist nicht gefragt.

Wie gesagt sind wahrscheinlich vier bis sogar fünf *Formel-Worte* ideal, die hintereinander geübt werden können. Noch mehr als fünf wären wohl zu viele, weil man sie sich dann möglicherweise gar nicht mehr alle merken könnte. Drei oder sind aber fast wieder notwendig, damit man nicht an den stets gleichen Wortklangbildern überdrüssig wird. Ich weise auch nochmals darauf hin, dass die *Formel-Worte* rein gedanklich und am besten langsam und monoton wiederholt werden sollten. Zudem möchte ich nochmals betonen, dass trotz der teilweisen Unsinnigkeit der Bedeutungen in den *Formel-Worten* dennoch die Schnittstellen-Verknotung essenziell ist und eine solche nicht durch einen Zufallsgenerator oder Computer erzeugt werden kann.

Ein Computer würde immer das Gefühl einer mechanisch-technischen Version hinterlassen, der man ausgeliefert ist. Der psycho*analytisch* begründete Aufbau garantiert die Sicherheit und Seriosität des Verfahrens, während eine Maschine uns trotz vielleicht formaler Perfektion als seelenlos vorkommen würde. Anfügen möchte ich auch noch, dass man die *Analytische Psychokatharsis* allein, also nur durch Anleitung aus dieser Broschüre oder evtl. noch durch weitere Lektüre und Kontakt über die umseitig angeführte Webseite, erlernen kann. Es braucht keine Institute oder akademische Einrichtungen.

Empfehlungen für ein weiteres Literaturstudium

Freud, S., Abriss der Psychoanalyse, Fischer TB (1996)

Hummel, v. G., *Analytische Psychokatharsis*, BoD (2011)

Lacan, J., Die vier Grundbegriffe der Psychoanalyse, Walter-Verlag (1980)

Webseite: http://www.analytic-psychocatharsis.com

Kontakt: g.vonhummel@web.de

Weitere Bücher des Autors im MCS – Verlag

Analytische Psychokatharsis
Psycho*analytisch*e Theorie und kathartische Meditation können nicht einfach ineinander überführt werden. Setzt man beide Verfahren aber durch ein entscheidendes Element (einen „linguistischen Kristall") in Beziehung, lässt sich ein eigenes neues Verfahren begründen. Die Psychoanalyse und die meditativen Methoden werden diskutiert, und die Praxis des eigenen Verfahrens wird ausführlich beschrieben.

Wissenschaftlich begründet meditieren. Die klassische Methode der Analyse des Unbewussten stellt eine zu theoretische Form der Psychotherapie dar. Um in der Praxis mehr Erfolg zu haben bedarf es eines direkteren selbst-*analytischen* Verfahrens, das jeder aus sich selbst heraus entwickeln kann. Formulierungen, die in einem einzigen Schriftzug mehrere Bedeutungen enthalten, können das Unbewusste jedes Einzelnen durch mentales Üben aufbrechen und zu sich selbst befreien.

Günter von Hummel

Der leere Geist und die künstliche Intelligenz

Ein Vergleich psychologischer Verfahren mit der KI und ein Weckruf zu neuer Selbstbestimmtheit

Der leere Geist und die KI.
Zwischen psychotherapeutischen Methoden und der künstlichen Intelligenz (KI) gibt es kaum Vergleichsmöglichkeiten. In der Psychoanalyse J. Lacans wird in der der rechnerische Intellekt der KI zwar gewürdigt, aber durch einen ‚der Liebe unterstellten Intellekt‘ ersetzt wird, in dem der Einzelne wieder zum Zug kommt. Ein neues Verfahren führt in die Wissenschaft zur Seele des Einzelnen zurück und gibt ihr durch die KI doch neue Impulse.

Günter von Hummel

Yoga und Psycho-Analyse

Ein wissenschaftlicher Vergleich der beiden Methoden zur Selbsterfahrung und Wahrheitsfindung

Yoga und Psychoanalyse
An Hand einer wissenschaftlichen Biographie des Religionswissenschaftlers und Yogalehrers Kirpal Singh (Surat Shabd Yoga) werden alle Yogaformen von der Seite der Psychoanalyse her betrachtet. Es ergibt sich die Notwendigkeit ein eigenes Verfahren zu begründen, das der Autor auch *Analytische Psychokatharsis* nennt. Zahlreiche Bilder und Schemata machen das Buch anschaulich.

Die somatoforme Schmerzstörung Somatoforme Störungen wie EM, CFS und andere sind zur Plage der Moderne geworden. Physische und medikamentöse Verfahren helfen nur wenig weiter. Der Autor, der als Arzt und auch selbst Erfahrung mit der somatoformen Schmerzstörung hat, schildert einen neuen, eigenen und mehr auf psychosomatischer Ebene begründeten Weg zur Behandlung dieser neuen Krankheiten

,teetrunken' Ausgangspunkt des Buches stellt die Lehre des Psychoanalytikers O. Graf Wittgenstein dar, der davon ausging, dass der Mensch in sich drei Teile birgt, die er nur verschiedentlich zu einer Einheit bzw. einheitlichen Persönlichkeit verbinden kann. Die letztliche und ideale Einheit nennt er den 'Trialog'. Anhand der Schilderung mehrerer Bergbesteigungen durchstreift der Autor alle möglichen kulturellen und psychologischen Fragestellungen, um im Endeffekt den 'Trialog' durch das Wandern, Meditieren und intellektuelle Verarbeiten zu erreichen.

Liste weiterer Werke des Autors im MCS-Verlag

Herz-Sprache, Eine Psychoanalyse des Herzens

Politik / Therapie, Begreifen, was man schon weiß - wie Politik therapeutisch zu denken wäre

Das autochthone Genießen, Essays zu einem neuen selbst*analytischen* Verfahren

Zweimal den Tod überlisten, Ein Traktat zu Sisyphos

Siddharthas Wiederkehr, Ein wissenschaftlicher Roman – eine Anregung zur Selbstanalyse

teetrunken, Bergwandern, Meditieren, Wissenschaft betreiben – Essays von dreiteilig einigen Menschen

Nach Lacan, Über Physik, Psychoanalyse und die Metapher des Genießens – eine Selbstpraxis

interhot, Gespräche mit dem Unbewussten

Vater seiner Selbst, Die ‚logische Selbststruktur als erlernbar therapeutischer Weg, die eigene Identität zu finden

Das Gerade und das Gekrümmte, Die Behandlung einer Psychose

Die Mathematik des Eros, Die ‚perfektoiden Räume‘ des Unbewussten – eine Selbstpraxis

Psychoanalyse / Meditation, Eine Broschüre zu Theorie und Praxis der *Analytischen Psychokatharsis*

Platons Lieb-ido, Ein wissenschaftlicher Roman – eine Überredung zur Selbsttherapie